뉴스로 읽는 중국

新 빠오칸
报刊
시사중국어

다락원

저자의 말

중문과 교수로 대학 강단에 선 지 어언 23년이 되었다. 그간 가장 보람 있었던 일은 다락원과 함께 『빠오칸(报刊) 시사중국어』 교재를 출간하여 중국어 교육 현장에 조금이나마 힘을 보탠 일이다. 2001년 첫 책을 출간한 후, 2004년, 2010년에 개정판을 출간했고, 이제 다시 제4판을 출간하게 되었다. 이로써 『빠오칸(报刊) 시사중국어』는 16년이라는 긴 생명력을 가진 스테디셀러 교재가 되었고, 앞으로도 시대의 변화에 따라 거듭 새로운 모습으로 재탄생할 것이다.

뉴노멀(新常态) 시대, 디지털 중국에서 중국인들은 인터넷 플러스(互联网+)를 적극 활용하고 있다. 인터넷으로 뉴스를 보고, 스마트폰으로 비즈니스 업무를 처리한다. 웨이신을 통해 시시각각 서로의 일상을 공유하고, 모바일 결제 시스템을 이용해 축의금을 보낸다. 시대의 흐름에 따라 변화하는 중국 사회상을 뉴스가 매일 전하고 있다. 중국 뉴스를 보지 않으면 급변하는 중국을 알 수 없고, 중국을 모르면 세계정세를 제대로 파악하기 어려운 것이 오늘날의 형세이다.

이러한 흐름과 필요성에 따라 중국 뉴스를 통해 중국을 더 자세히 알고자 하는 사람들이 크게 늘고 있다. 중국 신문이나 인터넷 뉴스를 보려면 우선 기사만의 독특한 문체와 특수한 표현, 상용 문형 및 문법 등을 이해하기 위한 훈련이 필요하다. 따라서 본 교재는 『人民网』, 『新华网』 등 중국 주요 매체에 수록된 다양한 분야의 뉴스를 통해 급변하는 중국의 상황을 이해할 수 있도록 하는 한편, 나아가 뉴스에 대한 이해 및 응용 능력을 키울 수 있도록 구성하였다.

20여 년간의 강의 및 연구 집필 경험에 따라 다음 네 가지를 교재 집필 목표로 삼았다.

첫째, 문화 전파 수업의 원칙에 따라 기사 내용과 문화 배경을 선택하였다. 본문은 중국의 정치, 경제, 문화, 사회, 교육, 체육, 생활, 인구, 과학, 미디어, 제조업, 문화정책 등 12개 분야의 기사 내용을 선택하였다. 그리하여 이 책을 학습하면 중국어뿐만 아니라 중국 사회에 대한 전반적인 이해도를 높일 수 있게 하였다.

둘째, 뉴스 기사만의 독특한 문체와 특수한 표현, 상용 문형 및 헷갈리기 쉬운 문법 등을 이해하게 하는 데 초점을 맞추었다. 일반적인 구어체가 아닌 뉴스 기사의 서면어 문체를 배울 수 있도록 문법 설명, 연습문제 등에서도 가급적 서면어로 예문을 제시해 시사 문체에 익숙해지도록 하였다.

　셋째, 시사성이 강하고 시효성(时效性)이 짧은 특징에 따라 최신 이슈를 선택하였다. 최근 반년 이내 쟁점이 된 기사 내용을 본문으로 선택한 동시에 가급적 시효성이 긴 기사를 선택하였다. 아울러 기사의 시효성보다 기사를 읽는 방법론 습득에 주안점을 두었다. 그리하여 본 교재를 학습한 후, 매일 쏟아져 나오는 그 어떤 새로운 기사도 무리 없이 읽을 수 있는 능력을 갖추도록 하는데 힘썼다.

　넷째, 대학의 수업 개설 학점과 시수 등에 따라 16주, 1주 3시간에 맞는 학습 분량과 전공 3학년 1학기 난이도에 적합하도록 구성하였다. 중국어를 2년 이상 배우고, 단어 2,000개 이상 습득하였으며, 초·중급 문법을 습득한 학습자의 수준에 맞추어 단어, 문법 설명, 연습문제 등을 설정하였다. 학원, 연수원 등 기타 교육 기관에서도 12과를 36시간에 수업할 수 있도록 안배하였다.

　마지막으로 본 교재가 중국어 학습자들에게 다소나마 도움이 되기를 바라며, 이 책이 새로운 모습으로 재탄생할 수 있도록 물심양면으로 애써주신 출판사 다락원 직원 여러분께 감사의 마음을 전한다. 아울러 십여 년간 본 교재를 애용해 주신 여러 교수님과 선생님들께 감사드린다. 그리고 그동안 〈시사중국어〉 수업에 적극적이고 성실하게 참여하며 교재 집필에 많은 영감을 준 사랑하는 제자들과 곁에서 응원해 주신 덕성여대 중어중문학과 교수님들께도 진심으로 감사드린다.

강춘화

차례

저자의 말	2
차례	4
이 책의 구성	6
중국 신문 상식	8

중국의 생활
1. 想去韩国旅游你搜啥？中国人最常搜"韩国电影" — 15
한국 여행 갈 때 중국인이 가장 많이 검색하는 키워드는 '한국영화'

중국의 문화
2. 追捧新文化勿忘老文化 — 27
새로운 문화를 쫓더라도 전통문화를 잊지는 말자

중국의 체육
3. 北京获得2022年冬奥会举办权 — 39
베이징 2022년 동계올림픽 개최권 획득

중국의 미디어
4. 中国新闻发布走向常态化 — 53
중국 언론 보도 정규화되어 가다

중국의 교육
5. 中国教育存在三个遗憾 — 67
중국 교육의 세 가지 아쉬운 점

중국의 문화정책
6. 中国不怕韩剧入侵，文化差异是掣肘 — 81
중국은 한국 드라마의 진입이 두렵지 않다, 문화 차이가 걸림돌

중국의 경제

7 未来五年中国经济的五大趋势　　　　　　　　　　95
향후 5년, 중국 경제의 5대 발전 동향

중국의 정치

8 中共怎样选拔党政领导干部　　　　　　　　　　107
중국공산당 지도간부를 어떻게 선발하는가?

중국의 과학

9 从"数字中国"擘画科技发展战略　　　　　　　　121
'디지털 중국'으로 과학기술발전 전략을 계획한다

중국의 인구

10 北京超老龄化将持续50年"421"结构将成为常态　　133
베이징 초고령화 앞으로 50년간 지속 전망, 421가정 구조 보편화 될 것

중국의 제조업

11 高端中国制造扬名海外　　　　　　　　　　　　149
고품질 중국산 제품 해외에 이름을 떨치다

중국의 사회

12 关于全面建成小康社会　　　　　　　　　　　　163
전면적인 샤오캉 사회 실현에 대하여

부록

본문해석　　　　　　　　　　　　　　　　　　　176
모범답안　　　　　　　　　　　　　　　　　　　189
단어색인　　　　　　　　　　　　　　　　　　　195

이 책의 구성

본 교재는 중급 문법과 초·중급 문형을 파악하고, 2,000단어 이상을 습득한 학습자를 대상으로 합니다. 『人民网』, 『新华网』 등 중국 주요 매체에 실린 다양한 분야의 뉴스를 재편집해 총 12과로 구성하였으며, 각 과 '**뉴스 읽기 - 어휘 다지기 - 문장 따라잡기 - 실력 키우기 - 뉴스가 보이는 연관 단어**' 코너로 구성되어 있습니다.

♤ 도입
이 과에서 다룰 주제를 확인하고 학습을 준비해 봅시다.

STEP 1 뉴스 읽기
중국의 정치, 경제, 문화, 사회, 교육 등 다양한 주제의 뉴스 기사로 이루어져 있습니다. 원어민이 녹음한 MP3 파일을 활용해 청취 훈련을 강화할 수 있습니다.

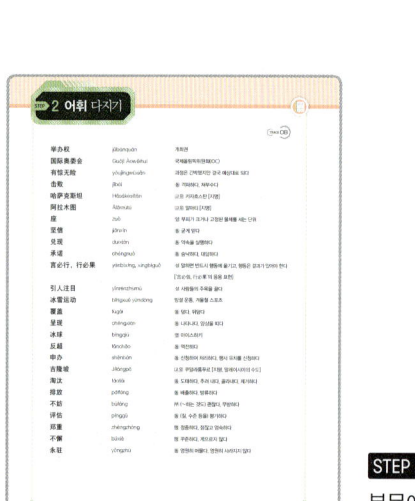

STEP 2 어휘 다지기
본문에서 꼭 익혀야 하는 중요 어휘를 선별했습니다. 원어민이 녹음한 MP3 파일을 활용해 정확한 발음을 익힐 수 있습니다.

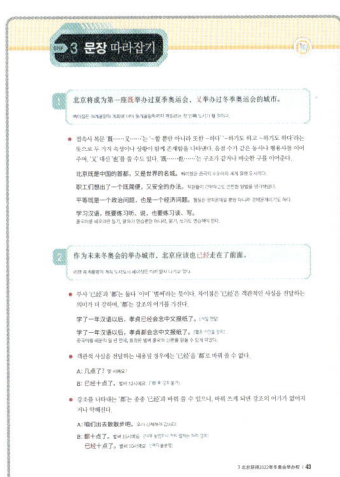

STEP 3 문장 따라잡기
본문에 대한 이해를 높이고 핵심 문법과 중요 구문을 파악할 수 있도록 풍부한 예문과 함께 상세한 설명을 덧붙였습니다.

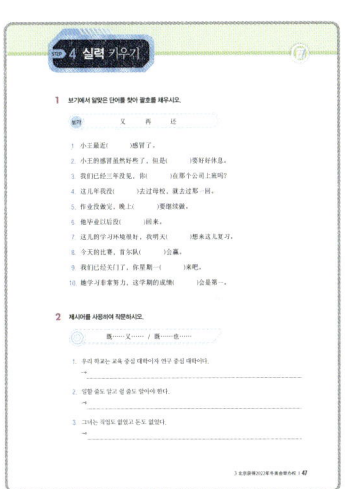

STEP 4 실력 키우기
앞에서 배운 내용을 연습문제를 통해 반복 학습하며 자연스럽게 중요 표현을 익히고 활용할 수 있도록 하였습니다.

♠ 뉴스가 보이는 연관 단어
회화 수업에서 접하기 어렵고, 사전에서도 찾기 어려운 최신 시사용어를 모아 설명했습니다. 함께 제시된 한 줄 뉴스를 보며 중국 뉴스에 대한 감을 꾸준히 키워 봅시다.

✚ MP3 다운로드
- 다락원 홈페이지(www.darakwon.co.kr)에서 MP3 파일을 무료로 다운로드 받으실 수 있습니다. 스마트폰으로 QR 코드를 스캔하면 MP3 다운로드 및 실시간 재생 가능한 페이지로 바로 연결됩니다.

중국 신문 상식

1 뉴노멀 시대, 중국인들은 어떤 신문을 읽을까?

✻ 만약 여러분이 중국의 정치, 경제, 문화 등의 중요한 상황을 알고 싶다면 어떤 신문을 읽어야 할까요? 요즘 중국인들은 어떤 신문을 좋아할까요? 자, 먼저 중국 네티즌이 뽑은 2016년 10대 신문이 무엇인지 살펴봅시다.

如果你想了解中国政治、经济、文化等方面的主要情况，应该阅读哪些报刊呢？最近中国人喜欢什么样的报纸呢？先请看2016年十大报纸品牌排行榜：

☆ 중국 네티즌이 뽑은 10대 신문

	신문명	성격
1	참고소식 参考消息	중국 일간지 발행 부수 1위, 신화사 발행, 외신보도를 그대로 실을 수 있는 신문 中国日报发行量之首，新华社主办，能够合法直接刊载外电的报纸
2	인민일보 人民日报	중국공산당 기관지, 인민일보사 발행 中国共产党中央委员会机关报，人民日报社主办
3	환구시보 环球时报	중국에서 가장 권위 있는 국제 뉴스 신문, 인민일보사 발행 中国最具权威性的国际新闻报纸，人民日报社主办
4	남방주말 南方周末	중국 발행 부수 최대의 주간 신문, 남방일보 신문그룹 발행 中国发行量最大的新闻周报，南方日报报业集团主办
5	광명일보 光明日报	중국공산당이 주관하고, 중앙선전부가 직접 관리하는 중국공산당 기관지 中共中央主管主办，中央宣传部代管的中央党报
6	광저우일보 广州日报	광둥성 발행 부수 1위, 구독량 1위, 판매량 1위 신문 广东省发行量第一、订阅量第一、零售量第一的报纸
7	남방도시보 南方都市报	광둥성 주강삼각지 일대에서 가장 영향력이 큰 종합 일간지 广东省的珠三角地区的群众所创办的综合性日报
8	중국청년보 中国青年报	뚜렷한 청년특색과 큰 영향력을 가진 전국지, 중국공청단 기관지 具有鲜明青年特色和重大影响力的大报，中国共青团中央机关报
9	경제일보 经济日报	중앙선전부가 지도, 감독하는 경제 홍보 위주의 당 기관지 中宣部领导和管理的以经济宣传为主的综合性中央党报
10	양자만보 扬子晚报	발행량이 비교적 많은 도시 석간 신문, 장쑤성 성급 신문 中国发行量较大的晚报都市报之一，江苏省级报刊

2 중국에는 어떤 종류의 신문이 있을까?

1 전국 신문 全国性报刊

인민일보 중국공산당 중앙위원회의 기관지인 『인민일보(人民日报)』는 중국에서 가장 권위 있고, 발행부수가 가장 많은 종합 일간지이다. 유네스코에서는 세계 10대 주요 발행물 중 하나로 평가하고 있다. '국내판'과 '해외판'이 있는데, '국내판'은 중국 독자를 대상으로 중국에서 발행된다. '해외판'은 미국, 프랑스, 일본의 일부 도시와 홍콩에서 발행되며, 중국 내륙 이외의 독자들을 대상으로 한다.

人民日报 中国共产党中央委员会的机关报，是中国最具权威性、发行量最大的综合性日报，被联合国教科文组织评定为世界十大主要报刊之一。《人民日报》有"国内版"和"海外版"。"国内版"是为中国内地的读者服务的，在中国内地发行；"海外版"在美国、法国、日本的部分城市和中国香港地区发行，是为中国内地以外的读者服务的。

광명일보 중국공산당 중앙서기처가 주관하고 있는 전국적인 종합 간행물 중 하나이다. 『광명일보(光明日报)』는 인텔리 정신에 입각하여, 전국을 대상으로 국제, 국내의 중대한 뉴스뿐만 아니라 교육, 과학기술, 문화, 이론 방면 등의 내용을 주로 보도하고 있다. 이 신문의 전통적인 특징은 정보성, 선진성, 학술탐구성이다.

光明日报 中共中央书记处主办，是重要的全国性综合报刊之一。它立足于知识分子，面向全国，除了报道国际国内重大新闻以外，主要报道教育、科技、文化、理论等方面的内容。知识性、理论前沿性、学术探索性是它的传统特色。

2 성, 시, 자치구 신문 名省、市、自治区报刊

각 성, 시, 자치구의 신문들은 가장 권위 있고 중요한 지방 신문으로 각 성, 시, 자치구 소재지에서 발행된다. 이들 신문 중 어떤 것은 해당 성의 명칭이나 시의 명칭, 구의 명칭을 따서 이름을 붙이기도 한다. 예를 들면, 지린성의 『지린일보(吉林日报)』, 베이징시의 『베이징일보(北京日报)』, 광시좡족자치구의 『광시일보(广西日报)』 등이 있다. 상하이시의 『해방일보(解放日报)』, 산둥성의 『대중일보(大众日报)』, 장쑤성의 『신화일보(新华日报)』, 광둥성의 『남방일보(南方日报)』 등과 같이 다른 이름을 쓴 것도 있다.

各省、市、自治区报纸是最有权威、最重要的地方性报纸，在各省、市、自治区当地发行。这些报纸有的就用省名、市名、区名作为报纸的名字，如吉林省的《吉林日报》、北京市的《北京日报》、广西壮族自治区的《广西日报》等。有的用另外的名字，比如上海市的《解放日报》、山东省的《大众日报》、江苏省的《新华日报》、广东省的《南方日报》等等。

3 전문 신문 专业性报刊

중요한 전문지는 정부나 정부 관련부처가 주관하는 것이기 때문에 상당한 권위성을 갖는다. 이러한 신문 중 일부는 전문 분야를 신문의 이름으로 한다. 예:

重要的专业性报纸也是由政府或政府的有关部门主办的，因此也极具权威性。这些报纸有的用专业范围作为报刊的名字，例如：

경제일보 经济日报	중국국무원 주관 中国国务院主办
국제상보 国际商报	상무부 주관 商务部主办
과기일보 科技日报	과학기술부, 국방과학기술공업위원회 주관 科技部、国防科工委主办
중국교육보 中国教育报	교육부 주관 教育部主办
법제일보 法制日报	사법부 주관 司法部主办
중국문화보 中国文化报	문화부 주관 文化部主办
중국체육보 中国体育报	중국체육총국 주관 国家体育总局主办

어떤 전문지는 독자 대상을 신문의 이름으로 한다. 예:

有的专业性报纸把读者范围作为报刊的名字，例如：

공인일보 工人日报	중국 전국총노조 주관 中华全国总工会主办
농민일보 农民日报	중국 중앙농부정책연구실 주관 中共中央农夫政策研究室主办
해방군보 解放军报	중앙군사위원회 주관 中央军委主办
중국청년보 中国青年报	공청단(공산주의 청년단)중앙위원회 주관 共青团中央主办
중앙부녀보 中央妇女报	전국부녀연합회 주관 全国妇女联合会主办

4 각종 석간신문 各种晚报

1980년대 이전, 중국에는 생활 서비스, 정보성과 취미성에 관한 신문이 아주 적었을 뿐만 아니라 대부분이 석간신문이었다. 예를 들면, 베이징의『베이징만보(北京晚报)』, 상하이의『신민만보(新民晚报)』, 광저우의『양성만보(羊城晚报)』등이 있다. 이러한 석간신문은 지금까지도 여전히 많은 독자들이 있다.

在20世纪80年代以前的一段时间，中国具有生活服务性、知识性和趣味性的报纸很少，而且大部分叫"晚报"。例如：北京的《北京晚报》、上海的《新民晚报》、广州的《羊城晚报》等等。直到现在，这些晚报大部分仍然拥有众多读者。

5 각종 창간신문 各种新创刊的报刊

1980년대 이후, 중국의 간행물도 시장화되고 점점 더 많은 간행물들이 창간되었다. 간행물간의 경쟁으로 신문의 내용과 형식이 더욱 생동감 있고 활기 넘치게 되었다. 또한 풍부하고 다양한 볼거리로 독자들의 시선을 잡았으며, 특히 젊은층의 관심을 끌어냈다. 예를 들면, 『환구시보(环球时报)』, 『베이징청년보(北京青年报)』, 『경화일보(京华时报)』, 『정품구물지남(精品购物指南)』 등이 그러하다. 뉴노멀 시대, 더 많은 새로운 신문의 출간으로 독자들이 신문을 선택하는 폭이 넓어졌다.

20世纪80年代以后，中国的报刊也逐步市场化，新创刊的报纸越来越多。在报刊竞争中，报刊的内容形式更加生动活泼、丰富多彩，因此吸引了很多读者，特别是年轻读者。例如《环球时报》、《北京青年报》、《京华时报》、《精品购物指南》等等。目前中国进入新常态，众多新报的出现，使现在读报的选择大大增加了。

6 기타 신문 其他类型报刊

간추린 신문 기타 간행물에서 이미 발간된 문장을 간추려서 싣는 신문으로, 정보와 흥미, 또는 전문성을 부각시킨다. 『문적보(文摘报)』, 『작가문적(作家文摘)』, 『건강문적(健康文摘)』 등이 있다.

文摘类报刊 专门摘登其它报刊已经发表的文章，更加突出知识性、趣味性或专题性，例如《文摘报》、《作家文摘》、《健康文摘》等。

주간지 매주 한 차례 발간되는 신문이다. 『남방주말(南方周末)』, 『주말화보(周末画报)』 등이 있다.

周报 每周出版一次的报刊，例如《南方周末》、《周末画报》等等。

중국 신문의 지면은 어떻게 구성되어 있을까?

1 지면과 읽기 가이드 版(版面)和导读

신문에서는 페이지를 '판' 또는 '면'이라고 한다. 첫 번째 페이지는 '제1판(제1면)', 또는 '头版'이라고 하고, 그 뒤부터는 순서에 따라서 '제2판(제2면)' '제3판(제3면)' '제4판(제4면)'이라고 한다. 『인민일보』는 주중에는 16면(화동, 화남지역은 20면), 토요일과 일요일에는 8면이다.

报纸的页叫做1版或1个版面。第1页叫做第1版，也叫"头版"，后面按照循序叫做"第2版"、"第3版"、"第4版"等等。例如《人民日报》平时是16版(华东、华南地区是20版)，星期六、星期日只有8版。

그 밖에 지면의 내용으로도 구분할 수 있다. 예를 들어 '주요뉴스면' '국내뉴스면' '국제뉴스면' '재정·경제면' '법률면' '사회면' '교육·과학기술면' '문화·연예면' '스포츠면' '광고면' 등이 있다. 지면의 순서와 내용은 매 지면의 상단에 표기되어 있다.

另外，也可以按照版面内容区分。例如："要闻版"、"国内新闻版"、"国际新闻版"、"财经版"、"法律版"、"社会版"、"教育科技版"、"文化娱乐版"、"体育版"、"广告版"等等。版面的顺序和内容标在每一版的最上面。

읽기 가이드는 일반적으로 신문의 제1면에 있다. 먼저 읽기 가이드를 읽고 자신의 필요와 기호에 따라 편리하게 뉴스나 지면을 선택할 수 있다.

导读一般在报纸的第1版上。先看一下导读，可以根据自己的需要爱好，方便地选择要读的新闻或版面。

2 톱뉴스와 톱기사 "头条新闻"和"头版头条"

신문 기사의 양사는 '条'이다. 매 지면의 첫 번째 기사는 일반적으로 가장 중요한 것이다. 그래서 '头条新闻'은 중요한 기사를 의미한다. 가장 중요한 기사는 보통 제1면 첫 번째 위치에 실리므로, '头版头条'는 가장 중요한 기사를 의미한다.

新闻的量词是"条"。每一版上第一条新闻常常是重要的，所以，"头条新闻"的意思是重要的新闻。最重要的新闻常常在第1版第1条，因此"头版头条"的意思是最重要的新闻。

4 중국에는 어떤 통신사들이 있을까?

현재 중국에는 두 개의 통신사가 있는데 신화사와 중신사가 바로 그것이다. 중국 신문을 읽을 때 기사의 출처에 대해서 한 번쯤 관심을 가질 필요가 있다. 신화사와 중신사에서 발표하는 기사가 가장 권위가 있다. 이외의 신문 기자들이 취재하고 보도한 내용은 해당 신문사의 구체적인 상황을 고려해야 한다.

中国现在有两家通讯社，新华通信社和中国新闻社。阅读报纸的时候，还应该注意一下消息的来源。新华社和中新社发布的消息是最权威的消息。其他各报记者采访报道的消息，就要根据各家报社的具体情况来判断了。

1 신화사(신화통신사) 新华社(全称：新华通信社)

신화사는 중국의 국영통신사이고 본사가 베이징에 있다. 타이완을 제외한 모든 지역에 지사가 있으며, 100개가 넘는 국가와 지역에도 지사가 설립되어 있다. 신화사는 중국의 각 신문사, 라디오 방송국, TV 방송국에 뉴스와 사진을 제공한다. 또한 해당 언어로 해외에 뉴스와 사진을 발표하는 중국의 통합적인 뉴스 발표 기관이다.

新华社是中国国家通信社，它的总社设在北京，国内除了台湾省以外各地都有分社，另外，还在100多个国家和地区设立了分社。新华社向国内各报纸、广播电台、电视台提供新闻和新闻图片，并用多种语言向国外发布新闻和新闻图片，是中国集中统一的新闻发布机关。

2 중신사(중국통신사) 中新社(全称: 中国新闻社)

중신사는 주로 해외 화교들에게 기사와 자료를 제공하는 신문사이다. 본사는 베이징에 있고 21개 성과 도시에 지사 및 기자 본부가 있다. 또한 미국, 프랑스, 일본, 호주에도 지사를 두고 있다. 1995년부터 국제 인터넷 사이트가 설립되어 인터넷을 통해 중신사의 각종 기사를 읽을 수 있다.

中新社是主要为海外华侨报刊提供新闻和新闻图片的中国通讯社。它的总社设在北京，在21个省区市设有分社或记者站，并在美国、法国、日本、澳大利亚设有分社。从1995年起，进入国际互联网，用户可以直接在网上阅读中新社的各类稿件。

5 중국 주요 신문사와 뉴스 웹사이트 주소는?

인민일보 人民日报 www.people.com.cn	신화망 新华网 www.xinhuanet.com
중국일보 中国日报 www.chinadaily.com.cn	중신망 中新网 www.chinanews.com
광명일보 光明日报 www.gmw.cn	중국경제망 中国经济网 www.ce.cn
환구시보 环球时报 www.huanqiu.com	국제재선 国际在线 gb.cri.cn
중국청년보 中国青年报 www.cyol.net	경보망 京报网 www.bjd.com.cn
문회보 文汇报 www.whb.com.cn	중국망 中国网 www.china.com.cn
법제일보 法制日报 www.legaldaily.com.cn	신랑망 新浪网 www.sina.com.cn
문학보 文学报 www.whb.com.cn	동방망 东方网 www.eastday.com
중국상보 中国商报 www.cb-h.com	남방망 南方网 www.southcn.com
중국무역보 中国贸易报 www.chinatradenews.com.cn	왕이뉴스 网易新闻 news.163.com
금융시보 金融时报 www.financialnews.com.cn	바이두뉴스 百度新闻 news.baidu.com

일러두기

이 책의 표기 규칙

1. 이 책에 나오는 중국의 지명이나 건물, 기관, 관광명소의 명칭 등은 중국어 발음을 한국어로 표기하는 것을 원칙으로 하였습니다. 단, 우리에게 이미 널리 알려진 것에 한하여 익숙한 발음으로 표기하였습니다.

    예) 北京 ⇨ 베이징   百度 ⇨ 바이두   香港 ⇨ 홍콩

2. 인명은 각 나라에서 실제 사용하는 발음으로 표기하였습니다. 단, 우리에게 잘 알려진 중국 옛 인명은 익숙한 한자발음으로 표기하였습니다.

    예) 习近平 ⇨ 시진핑   巴赫 ⇨ 바흐   王安石 ⇨ 왕안석

품사약어표

품사명	약어	품사명	약어	품사명	약어
명사	명	고유명사	고유	형용사	형
동사	동	조사	조	감탄사	감
수사	수	대명사	대	접속사	접
부사	부	수량사	수량	조동사	조동
양사	양	개사	개	성어	성

| 뉴스 읽기 | 어휘 다지기 | 문장 따라잡기 | 실력 키우기 | 뉴스가 보이는 연관 단어 |

중국의 생활

想去韩国旅游你搜啥?
中国人最常搜 "韩国电影"

한국 여행 갈 때 중국인이 가장 많이 검색하는 키워드는 '한국영화'

연관 단어

단체여행, 자유여행, 에어텔, 해외여행, 근교여행, 사람이 너무 많아 탈이다, QQ, 웨이신, 웨이보

중국 경제 발전과 생활 수준의 향상으로 중국인들의 해외여행 열기는 갈수록 뜨거워지고 있다. 2016년 중국인 해외 여행객은 전년 대비 17% 증가한 1억 3,500만 명을 기록했고, 2020년에는 2억 명에 이를 것으로 전망된다. 중국인이 가장 많이 방문하는 국가는 한국, 일본, 태국, 프랑스, 이탈리아, 스위스 순이다. 2016년 한국을 방문한 중국인 관광객은 사상 최초로 700만 명을 돌파하여, 전체 한국 방문 관광객의 40% 이상을 차지하였다. 그럼 한국에 오는 중국인들이 가장 궁금한 것은 무엇일까? 그들이 한국에 와서 가장 하고 싶은 일은 무엇일까? 그 답을 본문에서 찾아보자.

STEP 1 뉴스 읽기

想去韩国旅游你搜啥？
中国人最常搜"韩国电影"

TRACK 01

据韩媒报道，韩国观光公社(韩国旅游发展局)17日公布的分析资料显示，外国游客在搜索韩国旅游相关信息时，搜索最多的中文关键词**为**[1]"韩国电影"，英文关键词为"东大门市场"，日文关键词**为**"韩国料理"。

据报道，韩国观光公社**以**[2]去年国外的主要搜索引擎谷歌(英文)、百度(中文)、雅虎日本(日文)**为对象**，分析了用户在搜索韩国旅游相关信息时使用的关键词，并得出了上述结果。

在中文搜索关键词中，排在"韩国电影"之后的关键词包括乐天免税店、娱乐新闻、韩国综艺、韩国签证、首尔天气和韩国旅游经费等，充分反映了韩流在中国的人气以及中国人赴韩自由行流行的趋势。

在英文搜索关键词排名中，**继**[3]东大门市场**之后**的依次为韩剧、泡菜、江南、非军事区。在日文搜索引擎上，韩国料理排行第一，韩国旅游和韩剧分列其后。

另一方面，公社在表演、旅游景点、文化、购物、住宿、美食、旅游信息、地区、盛典、韩流等十大领域调查了"韩国旅游"相关关键词的搜索量。

结果显示，在中文关键词中，韩流占比最大，为33%，旅游景点占32%，购物占14%，旅游信息占14%。英文关键词中，购物和韩流占比最多，均为26%。在日文搜索引擎上，韩流相关关键词占比高达49%。

　　从[4]旅游景点类别来看，搜索"明洞"的中文关键词最多，搜索"江南"和"非军事区"的英文关键词最多，而搜索"江原道"的日文关键词居首。

　　从饮食类别来看，搜索"泡菜"和"烤肉"的中文关键词最多，搜索"泡菜"和"辣椒酱"的英文关键词最多，搜索"刨冰"和"雪浓汤烹饪配方"的日文关键词居首。

　　从购物类别来看，搜"免税店"的中文关键词居首，搜索"东大门市场"的英文关键词最多，搜"人参"的日文关键词位居第一。

《人民网》

한국 여행 관련 중국어 검색 키워드

STEP 2 어휘 다지기

 TRACK 02

据……报道	jù……bàodào	~의 보도에 따르면
搜索	sōusuǒ	동 검색하다, 수색하다
关键词	guānjiàncí	명 키워드(key word), 핵심 단어
引擎	yǐnqíng	명 엔진(engine)
谷歌	Gǔgē	고유 구글(Google) [인터넷 검색엔진]
百度	Bǎidù	고유 바이두(Baidu) [인터넷 검색엔진]
雅虎	Yǎhǔ	고유 야후(Yahoo) [인터넷 검색엔진]
上述	shàngshù	형 상술한, 위에서 말한, 앞에서 말한
综艺	zōngyì	명 종합 예술, 예능
签证	qiānzhèng	명 비자(visa)
趋势	qūshì	명 추세
排名	páimíng	동 이름을 배열하다, 순위를 매기다
继……之后	jì……zhīhòu	부 ~의 뒤를 이어
依次	yīcì	부 순서에 따라, 차례대로
泡菜	pàocài	명 김치
排行	páiháng	동 순위를 매기다
盛典	shèngdiǎn	명 성대한 의식
占	zhàn	동 차지하다
居首	jūshǒu	동 첫째 자리를 차지하다, 일등이다
刨冰	bàobīng	명 빙수
雪浓汤	xuěnóngtāng	고유 설렁탕
烹饪	pēngrèn	동 요리하다
配方	pèifāng	명 배합 방법, 레시피(recipe)

STEP 3 문장 따라잡기

1 外国游客在搜索韩国旅游相关信息时，搜索最多的中文关键词为"韩国电影"，英文关键词为"东大门市场"，日文关键词为"韩国料理"。

외국인 관광객이 한국 여행 관련 정보를 검색할 때 가장 많이 찾는 중국어 키워드는 '한국영화'이고, 영어 키워드는 '동대문 시장', 일본어 키워드는 '한국요리'이다.

- 동사 '为(wéi)'는 '(~은) ~이다'라는 뜻으로, 판단동사 '是'와 같은 의미를 나타낸다. 주로 서면어에서 쓰인다.

大韩民国的首都为首尔。
대한민국의 수도는 서울이다.

北京为中国的政治、文化中心。
베이징은 중국 정치, 문화의 중심이다.

京沪线为中国的交通动脉。
베이징 상하이 간 철도 노선은 중국 교통의 동맥이다.

2 韩国观光公社以去年国外的主要搜索引擎谷歌、百度、雅虎日本为对象，分析了用户在搜索韩国旅游相关信息时使用的关键词。

한국관광공사는 작년 해외 주요 인터넷 검색엔진인 구글, 바이두, 야후 재팬을 대상으로 이용자가 한국 여행 관련 정보를 검색할 때 사용하는 키워드에 대해 분석했다.

- 고정구문 '以……为对象'은 '~을 대상으로 삼다'라는 뜻으로, 뉴스나 신문 기사에 많이 쓰인다.

电视台正以观众为对象调查最好的娱乐节目是什么。
방송국에서는 시청자를 대상으로 최고의 예능 프로그램을 조사하고 있다.

公司人事部以新员工为对象进行了两周的入社教育。
회사 인사부에서는 신입사원을 대상으로 2주간 입사 교육을 했다.

这种新产品是以儿童为对象开发的。
이 신제품은 어린이들을 대상으로 개발된 것이다.

3 在英文搜索关键词排名中，继东大门市场之后的依次为韩剧、泡菜、江南、非军事区。

영어 검색 키워드 순위는 동대문 시장에 이어 한국 드라마, 김치, 강남, 비무장지대 순이다.

- '继……之后'는 '~다음으로' '~의 뒤를 이어' '~한 후에'라는 의미를 나타낸다.

    最近韩中两国继经济交流之后，旅游业交流也不断扩大。
    최근 한중 양국은 경제 교류에 이어 관광업 교류도 계속하여 확대하고 있다.

    继韩国政府放宽签证制度之后，明年来韩中国游客将达到800万。
    한국 정부의 비자 확대 정책에 이어 내년에 한국을 방문하는 중국 여행객은 800만 명에 이를 것이다.

    继2016年出境游达到1亿3千5百万之后，2020年将突破2亿。
    2016년 해외여행자 수가 1억 3천 5백만 명에 이른 후, 2020년에는 2억 명을 돌파할 것이다.

4 从旅游景点类别来看，搜索"明洞"的中文关键词最多。/ 从饮食类别来看，搜索"泡菜"和"烤肉"的中文关键词最多。/ 从购物类别来看，搜"免税店"的中文关键词居首。

관광지 분야에서는 중국어 검색 키워드로 '명동'이 가장 많았다. / 음식 분야에서는 '김치'와 '불고기'를 검색하는 중국어 검색 키워드가 가장 많았다. / 쇼핑 분야에서는 '면세점'이 중국어 검색 키워드 1위를 차지했다.

- '从……来看'은 '~에서 보면' '~을 근거로 하면'이라는 뜻으로, 어떤 문제를 관찰하고 사고하는 근거를 나타낸다. 뒤 절에는 그 근거로부터 추측, 판단할 수 있는 결론을 나타내는 문장이 온다.

    从经济角度来看，韩中合作发展是必然趋势。
    경제적인 시각으로 볼 때 한중 양국의 협력 발전은 필연적인 추세이다.

    从旅游类别来看，自助游多于团体游。
    여행 유형으로 보면 자유여행이 단체여행보다 많다.

    从知识、道德和现实的角度来看，这一论点是站不住脚的。
    지식, 도덕, 현실적인 측면에서 볼 때 이 논점은 설득력이 없다.

STEP 4 실력 키우기

1   보기에서 알맞은 단어를 찾아 괄호를 채우시오.

> 보기   以……为对象   从……来看

1. 中国青年报(　　　)大学生(　　　)进行了问卷调查。
2. (　　　)目前的旅游趋势(　　　), 出境游将超过国内游。
3. 这家商店正在准备(　　　)家庭主妇(　　　)的各类讲座。
4. (　　　)长远(　　　), 这个协议将会产生非常积极的影响。
5. (　　　)各个方面(　　　), 战争都会是一场灾难。
6. (　　　)世界范围(　　　), 犯罪率呈增加趋势。
7. 幼儿基本体操是(　　　)幼儿(　　　), 以增强体质为目的的大众健身体操。
8. (　　　)三千名市民(　　　)进行了舆论调查。

> 보기   继……之后   据……报道

9. (　　　)房子、汽车(　　　), 智能手机成了消费热点。
10. (　　　)韩国观光公社(　　　), 来韩国旅游的外国游客中中国人占比最高。
11. 这本书是(　　　)她的优秀电视系列片(　　　)的又一力作。
12. (　　　)当地媒体(　　　), 近日, 成都一公园内举办了一场特别的婚礼。
13. (　　　)中央气象台(　　　), 由于强冷空气南下气温降了10度以下。
14. (　　　)社长团任免改组(　　　), 大规模的人事调整就随之而来。
15. (　　　)体育报(　　　), 韩国足球队在国际比赛中为祖国争得了荣誉。
16. (　　　)《倩女幽魂》(　　　), 刘亦菲与余少群再一次合作, 二人有了更多的默契。

2 제시어를 사용하여 작문하시오.

> 为

1. 중국의 수도는 베이징이다.
   → _____

2. 창장(长江)과 황허(黄河)는 중국에서 가장 긴 강이다.
   → _____

3. 중국 최대 경제도시는 상하이이다.
   → _____

4. 이번 미술 전시회 전시 기간은 한 달이다.
   → _____

5. 1km는 1000m이다.
   → _____

3 다음 문장을 한국어로 번역하시오.

1. 中文系正在筹备以儿童为对象的各类汉语免费讲座。
   → _____

2. 他通常被认为是继爱因斯坦之后最伟大的科学家。
   → _____

3. 旅游局正以游客为对象，调查最满意的旅游路线。
   → _____

4. 从高考成绩来看，他考上北大是没有问题的。
   → _____

5. 本文充分反映了韩流在中国的人气以及中国人赴韩自由行流行的趋势。
   → _____

4 다음 지문을 읽고 제시된 문장 중 옳은 내용을 고르시오.

> 　　随着中国经济的高速发展，越来越多的外国人选择到中国旅游。4月26日，世界旅游组织(UN WTO)发布最新报告，报告显示中国2015年的国际游客到访量在全球占据第四位，去年曾到访中国的游客数量达到5690万人次，位居第一的为法国，访问人数达8630万，紧随其后的美国和西班牙去年分别迎来了7790万人和6810万人，不及中国排在第五位的意大利则接待了5080万名游客。
> 　　中国游客2015年的开销达到2150亿美元。中国作为全球旅游市场主要的客源国，自2004年起，每年旅游消费的涨幅都呈现两位数，并继续引领国际出境游，这为亚洲的旅游目的地，如日本和泰国，以及美国和欧洲各旅游目的地带来利润。

1. ① 2015年到中国访问的游客占世界第一位。
   ② 2015年到法国访问的游客占世界第二位。
   ③ 2015年到西班牙访问的游客占世界第三位。
   ④ 2015年到美国访问的游客占世界第四位。

2. ① 去年中国人到国外旅游达到5690万人次。
   ② 意大利接待了5080万名中国游客。
   ③ 中国游客2015年的花费达到2150亿元。
   ④ 十多年来中国每年旅游消费增长两位数。

3. ① 中国引领国际出境游，为中国带来利润。
   ② 中国引领国际出境游，为欧洲带来赤字。
   ③ 中国引领国际出境游，为美国带来损失。
   ④ 中国引领国际出境游，为日本、泰国、美国和欧洲带来收益。

5 다음 주제에 대하여 중국어로 토론하시오.

中国在国际旅游中占据什么样的位置？韩中旅游业发展现状如何？我们如何取长补短，促进韩中旅游业的新发展？

뉴스가 보이는 연관 단어

관광·소셜미디어

TRACK 03

跟团游 gēntuányóu

단체여행, 여행사에서 교통, 숙소, 식사, 관광 안내 등 모든 것을 제공하는 패키지 여행 방식

中国人旅游青睐自主出游,"跟团游"逐渐失宠。对国内游客来说,大众旅游团正变得越来越不受欢迎,游客对更加个性化的旅游的需求不断增长。

《参考消息网》2016.10.27.

중국인들이 점차 자유여행을 선호하면서 단체여행에 대한 인기가 사그라들고 있다. 대중적인 단체여행의 인기가 점점 하락하고, 여행객의 개성을 살린 여행에 대한 수요가 계속 증가하고 있다.

自由行 zìyóuxíng

에어텔. 항공사나 여행사가 제공하는 항공권과 숙박권을 연계한 패키지 상품을 이용하고 여행의 나머지 일정은 여행객 스스로 준비하는 여행 방식

自由行是一种新兴的旅游方式,与团体旅游相同的是,由旅行社安排住宿与交通,但自由行没有导游随行,饮食也由旅客自行安排。

《百度百科》

에어텔은 새로운 여행방식으로, 단체여행과 동일하게 여행사를 통해서 숙소와 교통편을 마련하지만 동행 가이드가 없고 식사도 여행객 스스로 정해야 한다.

自助游 zìzhùyóu

자유여행. 모든 일정과 준비 과정을 여행객 스스로 결정하는 여행 방식

自助游是指以最省钱的方法背着包去旅行。自己设计路线,自己安排旅途中的一切,自由、主动、深刻、充满艰辛和诗意,利用现代文明带来的便捷,却又不受商业的蒙蔽和束缚的旅行。

《百度百科》

자유여행은 배낭을 메고 떠나는 가장 경제적인 여행 방식이다. 스스로 여정을 계획하고 여행 중 모든 일을 자신이 결정한다. 자유롭고, 주동적이며, 인상 깊고, 여행의 고난과 낭만이 가득하다. 이는 현대문명을 이용해 간편하면서도 상업적인 속임이나 속박을 받지 않는다.

出境游 chūjìngyóu

해외여행

2016年出境游热潮持续升温。据国家旅游局数据显示，今年国庆期间出境游人次近600万，是去年同期的两倍。

《东方财富网》2016.10.28.

2016년 해외여행 열기가 지속적으로 달아오르고 있다. 국가관광국 데이터에 따르면 올해 국경절 연휴 기간 해외 여행객은 약 600만 명에 달하며, 이는 작년 같은 기간의 두 배이다.

近郊游 jìnjiāoyóu

근교여행

记者近日走访获悉，周末近郊游开始火热，不少市民选择在周末带着家人孩子或者与友人结伴出游，享受大自然带来的惬意时光。

《莆田网》2016.10.20.

최근 기자의 조사에 따르면 주말 근교여행에 대한 열기가 더해지면서 주말에 가족과 아이들을 동반하거나 또는 친구와 함께 여행을 떠나 대자연의 정취를 만끽하는 시민이 늘고 있다.

人满为患 rénmǎnwèihuàn

'사람이 너무 많아 탈이다'라는 뜻의 성어로, 관광지 등 특정 장소에 너무 많은 사람이 몰렸을 때 자주 쓰는 표현이다.

黄金周半个中国在路上，人满为患引改革呼声。一位女士说："以前我都是在黄金周的时候旅游，但是今年我不这么做了。人太多了，到处人满为患。"

《参考消息网》2016.10.08.

중국 인구의 절반이 이동하는 황금연휴 기간에 엄청난 인파 문제를 개선해야 한다는 목소리가 높다. 한 여성은 "전에 저도 황금연휴 기간에 여행을 다녔지만 올해는 안 가려고요. 가는 곳마다 사람이 너무 많아 힘들어요."라고 말했다.

황금연휴 기간 관광지 인파

관광·소셜미디어

QQ

QQ메신저. 중국 3대 IT 기업인 텅쉰(腾讯, Tencent)사가 2001년 출시한 무료 메신저 'QQ'는 PC 기반의 메신저 서비스이다.

10月26日下午，"2017年腾讯QQ娱乐社交资源推介会"顺利开启。现场，腾讯QQ与嘉宾一起分享对年轻人的理解，以及在娱乐社交营销方面的经验和资源。　《经济观察网》2016.10.27.

10월 26일 오후〈2017 텅쉰 QQ 엔터테인먼트 커뮤니티 리소스 설명회〉가 순조롭게 개막했다. 현장에서 텅쉰 QQ와 초청 귀빈들은 젊은 세대의 생각을 이해하고 엔터테인먼트 커뮤니티 마케팅에 관한 노하우와 리소스에 대해서 교류했다.

微信 wēixìn

웨이신(Wechat). 텅쉰사가 QQ를 출시한 지 10년 뒤인 2011년에 내놓은 모바일 메신저. 문자, 사진 발송, 그룹문자채팅 등이 가능한 모바일 채팅 프로그램으로 휴대폰, 태블릿PC, 웹페이지에서 모두 사용이 가능하다. 현재 월 활성 사용자 수(MAU) 8억 명인 중국 최대 모바일 플랫폼이다.

如今，微信已经成为许多人生活中必不可少的一部分，有的人用来交流互动，有的人做起了微商。　《央广网》2016.10.28.

오늘날 웨이신(Wechat)은 많은 사람들의 생활에서 없어서는 안 되는 일부가 되었다. 어떤 사람들은 웨이신을 통해 서로 교류하고, 어떤 사람들은 웨이신으로 사업을 시작했다.

微博 wēibó

웨이보. '작다(Micro)'는 뜻의 '微'와 '블로그'를 뜻하는 '博客'의 첫 글자를 합친 말로, 영어의 '마이크로블로그(microblog)'에 해당한다. 글자 수 140개 이하의 단문을 올릴 수 있고 다른 회원을 팔로우할 수 있어 '중국판 트위터'로 통한다.

今年，自媒体作者通过微博获得收入117亿；微博已经有45个垂直领域的月阅读量超过10亿，正成为国内生态最活跃的新媒体平台之一。　《证券时报》2016.10.26.

올해 개인 블로거들이 웨이보로부터 얻은 수입은 117억 위안에 달한다. 웨이보는 45개 카테고리에 월 구독량 10억을 넘어서며, 중국에서 가장 활발한 뉴미디어 플랫폼 중 하나로 자리 잡고 있다.

| 뉴스 읽기 | 어휘 다지기 | 문장 따라잡기 | 실력 키우기 | 뉴스가 보이는 연관 단어 |

중국의 문화

追捧新文化勿忘老文化

새로운 문화를 쫓더라도 전통문화를 잊지는 말자

연관 단어

즈푸바오(Alipay), 웨이신즈푸(WeChat Pay), 웨이신 홍바오, 웨이신 모멘트, SNS를 이용한 전자상거래, QR코드 결제방식, 핀테크, 인터넷 스타

나날이 발전하는 IT 기술과 스마트폰의 보급으로 중국의 명절 문화 역시 빠르게 변화하고 있다. 온 가족이 모여 풍성한 음식을 준비해 시끌벅적하게 즐기던 전통적인 춘제(春节) 풍경과 달리 최근에는 많은 사람이 직접 만나지 않고 스마트폰을 이용해 명절 인사를 대신하고 있다. 간편하고 실리적인 문화를 따르는 것은 당연한 문화 현상이다. 하지만 신구 문화의 충돌 속에서도 우리가 잊지 말아야 할 전통문화가 있다. 새로운 문화와 전통문화가 서로 융합하여 발전할 방법을 모색하고 있는 중국의 현재 모습을 살펴보자.

STEP 1 뉴스 읽기

追捧新文化勿忘老文化

　　追捧新文化，是人们追求新鲜事物的天性使然，也是时代发展的必然。北宋文学家王安石的《元日》诗云："爆竹声中一岁除，春风送暖入屠苏。千门万户曈曈日，总把新桃换旧符。"其中的"总把新桃换旧符"，就反映了人们每至春节就喜欢除旧布新。现在的我们，要除旧布新并没有错，但对于已有四千年历史的春节，我们在接纳春节新文化之时，不能抛弃了老文化。

　　现在的春节，涌现出了哪些新文化？微信"抢红包"是其一。虽然[1]春节派红包早已是习俗，但古老的红包无法与微信红包相提并论。2015年央视春晚让微信红包大火，微信红包收发总量达10.1亿次，春晚微信摇一摇互动总量达110亿次。此后，每逢大小节日，朋友圈总有人发红包、抢红包。

　　网络隔空拜年是其二。几千年来，人们过春节都要亲自上门互致问候、互拜新年，在辞旧迎新之时表达美好祝愿，东家进西家出，热闹非凡，这是我们特有的年文化。到了如今的网络时代，我们在网络中的距离近了，现实中的距离却远了，纷纷热衷于用微信、QQ等拜年，言辞再怎么华丽，却找不到以前面对面拜年的亲热劲儿，甚至连[2]诚心诚意

중국의 문화

的感觉都找不到。像³以前一些人拜年"不求见面惟通谒，名纸朝来满敝庐"一样，网络拜年，几乎也成了空虚的礼节。

其他一些春节新文化，诸如年夜饭酒店里吃、全家出境游等等，不一一赘述。这些都是现代人追求时尚的体现，在开放多元的社会里，我们本应对不同的过年文化持包容态度，但从"传播春节的文化价值、强化人们对春节的文化感知、唤起人们对传统文化的珍视"来看，这些春节新文化、新玩法，其实对春节主题造成了某种冲击。

这些年，许多国人都在感叹"年味淡了"，可是，他们是否为⁴营造年味而共同努力过？至少应该"结交新朋友，不忘老朋友"，在拥抱春节新文化时，也不忘老文化，多为喜庆祥和的传统春节文化捧捧场、喝喝彩。当我们每个人的内心，都对传统春节及附着在其中的传统文化充满虔敬感，何愁年味变淡？

《嘉兴日报》

> **tip**
> - **爆竹声中一岁除，春风送暖入屠苏。千门万户曈曈日，总把新桃换旧符。**
>   북송 왕안석(王安石)의 시 〈원일(元日)〉 중 한 구절. '폭죽 소리 가운데 한 해가 저물고, 따스한 봄바람이 불어 술동이에 스며드네. 집집마다 아침 햇살 밝게 비치고, 모두 옛 복숭아 부적을 새것으로 바꾸어 거네.'라는 뜻이다.
> - **摇一摇** : 웨이신의 스마트폰 흔들기 기능
> - **隔空拜年** : 직접 만나 같은 공간에서 새해 인사를 하는 것이 아니라, 공간적·시간적으로 떨어져 있으면서 웨이신 등 온라인으로 새해 인사를 나누는 것을 말한다.
> - **不求见面惟通谒，名纸朝来满敝庐。**
>   명대 문징명(文徵明)의 시 〈세배(拜年)〉 중 한 구절. '새해에 직접 만나지 아니하고 연하장으로만 인사를 대신하니, 내 방안에 아침부터 고급 연하장만이 가득 쌓였네.'라는 뜻이다.
> - **年味** : 연말연시 풍속, 습관, 분위기를 아울러서 '年风' '年俗' '年味' 등으로 표현한다.

시대의 변화에 따라 중국의 '훙바오 문화'도 오프라인에서 온라인으로 확장되고 있다.

STEP 2 어휘 다지기

TRACK 05

追捧	zhuīpěng	통 열렬하게 추종(숭배)하다, 사랑을 받다
勿	wù	부 ~해서는 안 된다, ~하지 마라 ['不要'와 같은 금지의 뜻을 나타냄]
使然	shǐrán	통 ~때문이다, ~하게 시키다
除旧布新	chújiùbùxīn	성 옛 것을 제거하고 새로운 것을 세우다
接纳	jiēnà	통 받아들이다, 수용하다
涌现	yǒngxiàn	통 한꺼번에 나타나다, 생겨나다
相提并论	xiāngtíbìnglùn	성 같이 이야기하다, 한데 섞어 논하다 [주로 부정형이나 반문으로 쓰임]
春晚	chūnwǎn	명 중국 중앙방송국(CCTV)에서 방영하는 설 특집 방송 ['春节联欢晚会'의 약칭]
收发	shōufā	통 (우편물·공문서 등을) 받고 보내다, 접수하고 발송하다
互动	hùdòng	통 상호 작용을 하다
每逢	měiféng	통 ~때마다, 언제나 ~가 되면
网络	wǎngluò	명 네트워크(network), 사이버(cyber), 웹(web)
隔	gé	통 차단하다, (가로)막다
拜年	bàinián	통 세배하다, 새해 인사를 드리다
问候	wènhòu	통 안부를 묻다
辞旧迎新	cíjiùyíngxīn	성 묵은해를 보내고 새해를 맞이하다, 옛 것을 버리고 새 것을 맞아들이다
非凡	fēifán	형 뛰어나다, 비범하다
诚心诚意	chéngxīn chéngyì	성 성심성의
空虚	kōngxū	형 공허하다, 텅 비다, 허전하다
诸如	zhūrú	통 예를 들면(이를테면) ~이다
年夜	niányè	명 (음력) 섣달 그믐날 밤, 제야
赘述	zhuìshù	통 군말을 하다, 쓸데없는 것을 장황하게 늘어놓다
珍视	zhēnshì	통 귀하게 여기다, 소중하게 여기다
营造	yíngzào	통 만들다, 조성하다, 건설하다
祥和	xiánghé	형 상서롭고 평온하다, 어질다, 인자하다
虔敬	qiánjìng	형 경건하고 정성스럽다

STEP 3 문장 따라잡기

1 虽然春节派红包早已是习俗，但古老的红包无法与微信红包相提并论。

춘제 때 훙바오를 주는 것은 예부터 있었던 풍습이지만, 전통적인 훙바오 문화와 오늘날 웨이신 훙바오는 차원이 다르다.

- 접속사 '虽然'은 '비록 ~하지만' '설령 ~일지라도'라는 의미로, 한쪽 사실을 인정하면서도 그와 상반되는 다른 한쪽의 사실을 설명하는 전환관계 복문을 만든다. 앞 절에 쓰이는 경우, 주어 앞이나 뒤에 놓일 수 있다. 이때, 뒤 절에는 '但是' '可是' '却是' '还是' '但' '可' '却' 등이 와서 호응한다.

    虽然高级汉语课比较难，但是我还是选择了这门课。
    고급중국어 수업은 비교적 어렵지만 나는 그래도 이 과목을 선택했다.

    这道题虽然很难，可是我还是把它做出来了。 이 문제는 어려웠지만 나는 그것을 풀어냈다.

- '虽然'이 뒤 절에 쓰이는 경우, 반드시 주어 앞에 놓이며 이때 앞 절에는 '但是' '可是' 등을 쓸 수 없다.

    一定要做到底，虽然条件不好。 설령 조건이 좋지 않아도 나는 반드시 끝까지 해낼 것이다.

    智恩已经很懂事了，虽然还是个小孩子。 지은이는 아직 어린아이지만 벌써 철이 들었다.

2 找不到以前面对面拜年的亲热劲儿，甚至连诚心诚意的感觉都找不到。

예전에 서로 마주 보고 새해 인사를 하던 것만큼 친밀하지도 않고, 심지어 진심도 느껴지지 않는다.

- '连A也/都B'는 'A조차도 역시 B하다'라는 뜻으로, 강조를 나타내는 고정격식이다. '连'과 '也/都' 사이에 강조하고자 하는 요소, 즉 정도가 더 심하고 발생 가능성이 적은 상황을 예시함으로써 강조 구문을 만든다. '连' 앞에 '甚至(심지어)'를 넣어 어기를 강화할 수도 있다.

    (1) 连+주어+都/也+동사 → [连 뒤의 주어를 강조한다.]

    连我都知道了，他当然知道。 나도 아는데, 그는 당연히 알지.

    连他也没来，究竟是怎么回事？ 그 사람조차 오지 않았는데, 대체 어떻게 된 일이지?

    (2) 주어+连+목적어+都/也+동사 → [连 뒤의 목적어를 강조한다.]

    你怎么连这道题也不会做？ 너는 어떻게 이 문제도 못 푸니?

    你怎么连王教授也不认识？ 너는 어떻게 왕 교수님도 모르니?

(3) 连+동사+都/也+동사구 → [동사를 강조하며, 都/也 뒤에 다시 같은 동사를 '부정형식'으로 반복해야 한다.]

那天她连说都没说一声。 그 날 그녀는 한 마디도 하지 않았다.

他连想也没想就回答了老师的问题。 그는 생각할 것도 없이 바로 선생님의 질문에 대답했다.

(4) 连+절+都/也+동사 → [连 뒤의 절을 강조한다. 절은 의문사를 포함하는 것에 한한다.]

连他在哪儿我也忘了问。 나는 그가 어디에 있는지 묻는 것도 잊었다.

连这篇文章改动了哪几个字他都记得。 이 문장에서 어떤 글자를 바꿨는지도 그는 다 기억하고 있다.

3

像以前一些人拜年"不求见面惟通谒，名纸朝来满敝庐"**一样**，网络拜年，几乎也成了空虚的礼节。

과거 선인들이 "새해에 직접 만나지 아니하고 연하장으로만 인사를 대신하니, 내 방안에 아침부터 고급 연하장만이 가득 쌓였네."라고 한 것 같이 온라인 새해 인사는 공허한 인사치레로 전락했다.

- '像'이 동사로 쓰일 때는 '비슷하다, 닮다'라는 뜻이지만, 부사로 쓰일 때는 자주 '一样'과 호응하여 '~와 같이' '~처럼' '~만큼'이라는 의미를 나타낸다.

像报刊阅读课一样，商贸汉语课也很有意思。
신문 읽기 수업과 마찬가지로 비즈니스 중국어 수업도 재미있다.

欢乐的人群像潮水一样涌进来。 기뻐하는 군중들이 조수처럼 밀려들었다.

爸爸的性情像火一样。 아버지는 성정이 불과 같으셨다.

4

他们是否**为**营造年味**而**共同努力过?

새해맞이 분위기를 살리려고 함께 노력한 적이 있는가?

- 개사 '为'는 '~하기 위하여'라는 뜻으로 행위의 원인이나 목적을 나타낸다. '为A而B'는 고정격식으로 'A를 위하여 B하다'라는 의미이다.

为公共利益而牺牲个人利益。 공공의 이익을 위해 개인의 이익을 희생하다.

人类一直为战胜自然灾害而努力。 인간은 자연재해를 극복하기 위해 줄곧 노력해 왔다.

爸爸为养活全家而拼命工作。 아버지는 가족을 부양하기 위해 힘을 다해 일하신다.

STEP 4 실력 키우기

1 다음 제시어가 들어갈 알맞은 위치를 고르시오.

1. 了   他犯了错误(A)没有(B)？他表现得(C)很好，没有犯错误(D)。
2. 了   他每天下(A)班(B)，先去买菜(C)，再去幼儿园接孩子(D)。
3. 着   现在(A)这两个国家保持(B)友好(C)的关系(D)。
4. 着   我正在(A)忙(B)修(C)电视(D)，你等一会儿再给我打电话吧。
5. 过   你听(A)这首歌(B)没(C)有(D)？我没听过这首歌。
6. 过   昨天(A)你去(B)商店(C)没有(D)？

2 보기에서 알맞은 단어를 찾아 괄호를 채우시오.

| 보기 | 表达 | 表现 | 特有 | 特别 |

1. 他们中的一些人坦率地(　　)了自己的政治观点。
2. 父母把一些(　　)的素质遗传给儿女。
3. 在所有简单无害的娱乐项目背后都隐藏着危险，(　　)是对儿童而言。
4. 她(　　)的微笑给我们留下了美好的印象。
5. 这些年来，她已经在外交事务方面(　　)出一定的预见性。

| 보기 | 必然 | 必须 | 必需 | 必要 |

6. 这是最重要的事，你(　　)时时刻刻记在心上。
7. 学习外国语言(　　)困难。
8. 他期中考试不及格是(　　)的。
9. 空气、食物和水是维持生命所(　　)的。
10. 有(　　)让公众在充分知情的状况下展开辩论。

3. 제시어를 사용하여 작문하시오

◎ 虽然……但

1. 그는 비록 나이가 어리지만, 일 처리에서는 경험이 많다.
   →
2. 그는 어제 병이 났지만, 숙제를 다 끝마쳤다.
   →
3. 그는 비록 키는 작지만, 힘은 아주 세다.
   →

◎ 连……也/都

4. 이 글자는 내가 모를 뿐 아니라 사전에서도 찾을 수 없다.
   →
5. 그는 일이 너무 바빠서 밥 먹을 시간조차 없었다.
   →
6. 이 상자는 어른도 들 수가 없는데, 어린아이는 더더욱 들 수 없다.
   →

◎ 像……一样

7. 그는 중국인처럼 중국어를 잘한다.
   →
8. 그에게 있어서 책은 빵처럼 생활에 꼭 필요한 것이었다.
   →
9. 폭포는 은하처럼 아름답다.
   →

为……而

10. 사람들은 모두 자신의 이상을 위하여 분투한다.
    →

11. 대학 졸업자들은 일자리를 찾기 위해 분주히 뛰어다닌다.
    →

12. 선수들은 시합에서 승리하기 위해 노력한다.
    →

4 다음 지문을 읽고 질문에 답하시오.

> 孔子学院，是中国国家对外汉语教学领导小组办公室在世界各地设立的推广汉语和传播中国文化与国学教育的文化交流机构。孔子学院最重要的一项工作就是给世界各地的汉语学习者提供规范、权威的现代汉语教材；提供最正规、最主要的汉语教学渠道。
>
> 全球首家孔子学院2004年在韩国首尔正式设立。2015年12月6日从在上海举办的第十届孔子学院大会上获悉，截至目前，中国已在134个国家和地区建立了500所孔子学院和1000个孔子课堂，学员总数达190万人。

1. 孔子学院是什么样的机构？
2. 孔子学院的主要工作是什么？
3. 世界第一家孔子学院是在什么时候、什么地方设立的？
4. 2015年12月为止，全世界有多少个国家(地区)建立了多少所孔子学院和个孔子课堂？

5 다음 주제에 대하여 중국어로 토론하시오.

你如何看待中国传统文化与新文化的冲突？在破旧立新的同时如何保存优秀的传统文化？如何实现新旧文化的融合与发展？

뉴스가 보이는 연관 단어

支付宝 zhīfùbǎo

즈푸바오(Alipay, 알리페이). 스마트폰의 보급으로 다양한 모바일 간편결제가 생겨났는데, 즈푸바오와 웨이신즈푸는 중국인이 가장 많이 사용하는 양대 모바일 결제 서비스이다.

2016年上半年，第三方支付行业整体交易规模达13.5万亿元。支付宝、财付通、拉卡拉占据市场交易份额前三位，支付宝以55.4%的占有率位列第一。

《新华网》2016.10.16.

2016년 상반기 제3자 지불 플랫폼의 전체 거래 규모는 13.5조 위안에 달한다. 즈푸바오, 차이푸통(Tenpay), 라카라(lakala)가 전체 거래 시장의 TOP3를 차지했고, 그 중 알리페이의 점유율은 55.4%로 1위를 차지했다.

微信支付 wēixìn zhīfù

웨이신즈푸(WeChat Pay, 위챗페이)

微信支付你还敢用吗？随着"微商"的崛起，"微信朋友圈"也日渐演变为生意场，部分胆大的微商开始采取类似传销式的营销手段，比如以高额返利返现行为来销售产品。

《河北日报》2016.07.19.

당신은 위챗페이를 계속 사용할 수 있는가? 웨이신 전자상거래의 부상으로 '웨이신 모멘트'는 이미 장사판으로 전락했다. 일부 간 큰 쇼핑몰 운영자들은 피라미드식 판매 방식을 통해 상품을 판매하기도 한다. 즉 높은 리베이트 조건을 내세워 제품을 판매하고 있다.

微信红包 wēixìn hóngbāo

웨이신 홍바오. 웨이신에서 2014년 1월에 시작한 서비스로 스마트폰을 이용해 '红包(세뱃돈, 축의금)'를 주고받을 수 있는 간편결제 시스템이다. SNS와 게임 그리고 금융상품이 결합된 이 애플리케이션은 출시되자마자 폭발적 인기를 얻으며 중국의 새해 풍속도를 바꿔 놓았다.

"微信红包"里的大爱心。"10元，50元，100元……"这几天，供职于岳西县司法局的储峰先生的微信格外火热，红包更是接连不断的"飞"来。但是与以往不同的是，这些"红包"承载的却是朋友圈里一份份沉甸甸的爱心。

《安庆日报》2016.02.24.

'웨이신 홍바오'는 큰 사랑을 싣고. '10위안, 50위안, 100위안…….' 최근 웨시현 사법국에서 근무하고 있는 추펑 씨의 웨이신은 인기 폭발이다. 홍바오 역시 쉴새 없이 날아들어 온다. 그러나 예전과 다른 것은 이 홍바오들은 웨이신 모멘트를 통해 전해져 온 따뜻한 사랑이다.

抢红包 qiǎng hóngbāo

개인이 친구와 지인에게, 혹은 기업이 소비자를 대상으로 SNS를 통해 뿌린 '红包'를 쟁취하는 게임

腾讯欢迎各界对微信的研究，微信抢红包的分配采用随机原则，希望用户拆开时获得意外惊喜。

《未来网》2016.10.13.

텅쉰은 각 분야의 웨이신에 대한 연구를 환영합니다! 웨이신 홍바오는 무작위 추첨방식으로, 고객 여러분이 열어 보실 때 깜짝 선물이 되기를 바랍니다.

朋友圈 péngyouquān

웨이신 모멘트(Moment). 중국의 대표 메신저 어플인 웨이신의 대표 기능으로, 자신의 계정에 글이나 사진, 영상을 올려 사람들과 공유하는 SNS 서비스

维护良好政治生态需要净化"朋友圈"。良好政治生态的形成，要从净化领导干部的"朋友圈"开始，逐步打造风清气正的从政环境。

《光明日报》2015.05.19.

올바른 정치 생태계를 유지하려면 '웨이신 모멘트'를 정화해야 한다. 올바른 정치 생태계의 형성은 지도 간부들의 '웨이신 모멘트'부터 정화하여 점차 청렴한 정치 환경을 조성하도록 해야 한다.

微商 wēishāng

초기에는 웨이신을 이용하는 개인 상인을 지칭했지만, 최근에는 의미가 확대되어 web 3.0 시대에 파생된 웨이신, 모모(陌陌), 웨이보(微博) 등의 SNS 플랫폼에서 제품을 전시하고 판매하는 것을 뜻하며 B2C 모델로 확대되어 'SNS를 이용한 전자상거래'의 개념으로 통한다.

第二届53国际微商节将于2017年5月3日再次举办，邀请更多微商创业领袖分享创业经验，帮助更多人实现创业就业梦！

《华声在线》2016.10.15.

제2차 '53국제 웨이상의 날' 행사가 2017년 5월 3일 다시 개최됩니다. 더 많은 웨이상 창업 리더들을 초대하여 창업 경험을 공유하고, 더 많은 사람이 창업의 꿈을 이룰 수 있도록 도와드리겠습니다.

新문화

二维码支付 èrwéimǎ zhīfù
QR코드 결제방식

工行与麦当劳正式开展二维码支付合作。记者近日从中国工商银行获悉，从9月22日起工商银行的"工银二维码支付"将正式支持在全国超过2000家麦当劳门店消费。

《大众日报》2016.10.13.

공상은행과 맥도날드는 QR코드 결제방식을 확대하기로 정식 합의했다. 기자는 최근 중국공상은행으로부터 오는 9월 22일부터 전국 2,000여 개 맥도날드 매장에서 공상은행의 QR코드 결제방식을 사용할 수 있게 됐다는 소식을 들었다.

金融科技 jīnróng kējì

핀테크(FinTech). 금융(finance)과 기술(technology)의 합성어로, 예금, 대출, 자산 관리, 결제, 송금 등 다양한 금융 서비스가 IT, 모바일 기술과 결합된 새로운 유형의 금융 서비스를 뜻한다.

金融科技在深圳渐入佳境。支付智能化也是金融科技的重要标签。

《南方都市报》2016.10.14.

핀테크는 선전에서 호황기를 맞이했다. 지불방식의 스마트화도 역시 핀테크의 중요한 상징이다.

网红 wǎnghóng

인터넷 스타. '网络红人'의 줄임말로 인터넷상에서 인기 몰이를 하는 스타를 뜻한다. '网红经济'는 인터넷 스타가 자신의 팬을 상대로 마케팅을 진행하는 사회적인 경제현상을 말한다.

"网红"在粉丝中的号召力和影响力，正引起越来越多品牌的关注。一些商家纷纷开始请"网红"代言，并给出高额代言费。

《cnbeta网站》2016.11.22.

인터넷 스타가 팬들 사이에서 행사하는 호소력과 영향력은 점점 더 많은 브랜드의 관심을 끌고 있다. 일부 업체들은 고액의 개런티를 주며 인터넷 스타를 광고 모델로 내세우기 시작했다.

중국의 체육

北京获得2022年冬奥会举办权

베이징 2022년 동계올림픽 개최권 획득

연관 단어

초미세먼지, 배기량 기준 미달 차량, APEC 블루, 열병식 블루, 올림픽 블루, 녹색 소비

베이징은 하계올림픽 개최에 이어 동계올림픽까지 개최하는 전 세계 첫 번째 도시가 될 전망이다. 2008년 하계올림픽을 주최한 지 14년 만에 다시 2022년 동계올림픽을 개최하는 것은 역사적인 의미가 있다. 동계올림픽이 다가오면서 그 영향력은 스포츠에만 국한된 것은 아니다. 중국이 지속적인 노력을 통해 어떻게 대기오염 문제를 해결하고, '올림픽 블루'를 실현하는지 지켜보자. 아울러 체육 강국에 도전하는 중국의 스포츠 발전 현황 및 동계올림픽 준비 상황에 대해서도 알아보자.

STEP 1 뉴스 읽기

北京获得2022年冬奥会举办权

TRACK 07

　　2015年7月31日，第128届国际奥委会全会，44票比40票，北京有惊无险地击败哈萨克斯坦的阿拉木图获得了2022年冬奥会举办权。国际奥委会主席巴赫表示："北京将成为第一座既¹举办过夏季奥运会，又举办过冬季奥运会的城市，而且是在14年之间，这是具有历史意义的。这是安全的选择，也是历史性的选择，我们坚信中国北京一定会兑现承诺！"

　　北京申冬奥代表团在陈述中表示，作为负责任的国家，中国言必行，行必果，会兑现所有的承诺。在众多承诺当中，到2022年实现3亿人上冰雪无疑是最为引人注目的承诺之一。国家体育总局局长刘鹏当时说："目前有100多万青少年经常参加到冰雪运动中来，可以说近20年来中国冰雪运动发展迅速。20年前中国的雪场不足10个，现在达到500多个，去年仅仅在张家口就增加了20%的滑雪人口。"

　　作为未来冬奥会的举办城市，北京应该也已经²走在了前面。第二届北京市民快乐冰雪季已于上周启动，目前全市22个滑雪场已全部开门营业，室内外滑冰场增加到40个，供群众参与冰雪活动、健身休闲的嬉雪场地增加到16个。另外³北京市体育局局长孙学才表示，百万青年上冰雪活动要在全市130万大中小学生中达到100%覆盖；到2022年，北京市冰雪体育产业总额达到400亿；每个区要建一个冰面不少于1800平方米的滑冰场；北京要拥有36座室内冰场和50片室外冰场。

2022년 베이징 동계올림픽 로고

2022年冬奥会所有冰上项目被设置在北京市区。冰上运动在北京有着悠久的历史，而今随着经济的发展和时代的进步，呈现出一种参与者低龄化和参与方式多样化的态势。以北京市的青少年冰球为例，虽然起步晚于东北，但是目前的参与人数和竞技水平已经实现了反超。

冬奥会的到来，其影响力并不局限于体育范围之内，比如当下最为人们关注的大气污染治理问题。2022年冬奥会申办工作领导小组成员、国家环保部副部长翟青今年7月曾在吉隆坡表示，北京2022年PM2.5年平均浓度预计要比2012年下降45%。他说："北京已经淘汰了100多万辆高污染的黄标车，并且已经削减碳排放量700万吨，实际上今年上半年北京PM2.5年平均浓度已经比2012年下降了超过20%。在2017年之后，还将继续制定相关计划，目标在2022年实现北京PM2.5年平均浓度预计比2012年下降45%，这是(赛时)保证空气质量的一个基础值。"

此刻，不妨再⁴将时间往前推4个月，有一句话理应被所有人记住。在今年3月国际奥委会评估团来京考察期间，现北京冬奥组委执行主席、北京市市长王安顺当时担任北京冬奥申委主席，他郑重表示："我相信，经过坚持不懈的努力，APEC蓝会永驻，奥林匹克蓝也会到来。"

《北京青年报》

STEP 2 어휘 다지기

TRACK 08

举办权	jǔbànquán	개최권
国际奥委会	Guójì Àowěihuì	국제올림픽위원회(IOC)
有惊无险	yǒujīngwúxiǎn	과정은 긴박했지만 결국 예상대로 되다
击败	jībài	동 격파하다, 쳐부수다
哈萨克斯坦	Hāsàkèsītǎn	고유 카자흐스탄 [지명]
阿拉木图	Ālāmùtú	고유 알마티 [지명]
座	zuò	양 부피가 크거나 고정된 물체를 세는 단위
坚信	jiānxìn	동 굳게 믿다
兑现	duìxiàn	동 약속을 실행하다
承诺	chéngnuò	동 승낙하다, 대답하다
言必行，行必果	yánbìxíng, xíngbìguǒ	성 말하면 반드시 행동에 옮기고, 행동은 결과가 있어야 한다 ['言必信, 行必果'의 응용 표현]
引人注目	yǐnrénzhùmù	성 사람들의 주목을 끌다
冰雪运动	bīngxuě yùndòng	빙설 운동, 겨울철 스포츠
覆盖	fùgài	동 덮다, 뒤덮다
呈现	chéngxiàn	동 나타나다, 양상을 띠다
冰球	bīngqiú	명 아이스하키
反超	fǎnchāo	동 역전하다
申办	shēnbàn	동 신청하여 처리하다, 행사 유치를 신청하다
吉隆坡	Jílóngpō	고유 쿠알라룸푸르 [지명, 말레이시아의 수도]
淘汰	táotài	동 도태하다, 추려 내다, 골라내다, 제거하다
排放	páifàng	동 배출하다, 방류하다
不妨	bùfáng	부 (~하는 것도) 괜찮다, 무방하다
评估	pínggū	동 (질, 수준 등을) 평가하다
郑重	zhèngzhòng	형 정중하다, 점잖고 엄숙하다
不懈	búxiè	형 꾸준하다, 게으르지 않다
永驻	yǒngzhù	동 영원히 머물다, 영원히 사라지지 않다

STEP 3 문장 따라잡기

1 北京将成为第一座既举办过夏季奥运会，又举办过冬季奥运会的城市。
베이징은 하계올림픽 개최에 이어 동계올림픽까지 개최하는 첫 번째 도시가 될 것이다.

- 접속사 복문 '既……又……'는 '~할 뿐만 아니라 또한 ~하다' '~하기도 하고 ~하기도 하다'라는 뜻으로 두 가지 속성이나 상황이 함께 존재함을 나타낸다. 음절 수가 같은 동사나 형용사를 이어 주며, '又' 대신 '也'를 쓸 수도 있다. '既……也……'는 구조가 같거나 비슷한 구를 이어준다.

  北京既是中国的首都，又是世界的名城。 베이징은 중국의 수도이자 세계 유명 도시이다.

  职工们想出了一个既简便，又安全的办法。 직원들이 간편하고도 안전한 방법을 생각해냈다.

  平等既是一个政治问题，也是一个经济问题。 평등은 정치문제일 뿐만 아니라 경제문제이기도 하다.

  学习汉语，既要练习听、说，也要练习读、写。
  중국어를 배우려면 듣기, 말하기 연습뿐만 아니라, 읽기, 쓰기도 연습해야 한다.

2 作为未来冬奥会的举办城市，北京应该也已经走在了前面。
미래 동계올림픽 개최 도시로서 베이징은 이미 앞서 나가고 있다.

- 부사 '已经'과 '都'는 둘 다 '이미' '벌써'라는 뜻이다. 차이점은 '已经'은 객관적인 사실을 전달하는 의미가 더 강하며, '都'는 강조의 어기를 가진다.

  学了一年汉语以后，孝贞已经会念中文报纸了。 [사실 전달]

  学了一年汉语以后，孝贞都会念中文报纸了。 [짧은 시간을 강조]
  중국어를 배운지 일 년 만에, 효정은 벌써 중국어 신문을 읽을 수 있게 되었다.

- 객관적 사실을 전달하는 내용일 경우에는 '已经'을 '都'로 바꿔 쓸 수 없다.

  A: 几点了? 몇 시예요?

  B: 已经十点了。 벌써 10시예요. ['都'로 강조 불가]

- 강조를 나타내는 '都'는 종종 '已经'과 바꿔 쓸 수 있으나, 바꿔 쓰게 되면 강조의 어기가 없어지거나 약해진다.

  A: 咱们出去散散步吧。 우리 산책하러 갑시다.

  B: 都十点了。 벌써 10시예요. [너무 늦었으니 가지 말자는 의미 강조]
  　 已经十点了。 벌써 10시예요. [어기 불분명]

> **3** 另外北京市体育局局长孙学才表示，百万青年上冰雪活动要在全市130万大中小学生中达到100%覆盖。
>
> 이 밖에 베이징시 체육국 국장 쑨쉐차이는 '백만 청년 빙설 운동 캠페인'에 베이징시 전체 130만 초중고생의 100% 참여를 추진하고 있다고 밝혔다.

- 접속사 '另外'는 '이 외에' '이 밖에'라는 뜻으로, 문장, 단락을 연결하여 병렬 관계를 나타낸다. 뒤에 '还' '也' 등이 호응하기도 한다.

  北京举办过夏季奥运会，另外还准备举办冬季奥运会。
  베이징은 하계올림픽을 개최했고, 동계올림픽 개최도 준비하고 있다.

  今天我买了一件外套，另外还买了一条裤子。
  오늘 나는 외투를 한 벌 샀고, 바지도 하나 샀다.

  我想去看看他，另外自己也想出去散散心。
  나는 가서 그를 좀 보고 싶고, 또 나가서 기분전환도 하고 싶다.

- 대사 '另外'는 '다른 사람이나 사물'을 가리킨다. '其他'와 같은 의미이며, '另外'와 '其他'는 모두 명사 앞에 쓸 수 있고, 뒤의 명사는 생략 가능하다. 다른 점은 '另外'의 뒤에는 반드시 '的'가 와야 한다는 것이다.

  你们几个住这儿，其他人住隔壁。 [其他+명사]

  你们几个住这儿，另外的人住隔壁。 [另外+的+명사]
  너희 몇은 여기에서 묵고, 나머지 사람은 옆 방에서 묵는다.

  把这两本书留下，其他你全部拿走。 [其他+명사 생략]

  把这两本书留下，另外的你全部拿走。 [另外+的+명사 생략]
  이 두 권은 남겨 놓고, 다른 것들은 네가 전부 가져가라.

  > **'另外'와 '其他'의 비교**
  >
  > '另外'와 '其他' 뒤에는 수량사가 올 수 있다. 그러나 '其他'는 수사 '一'의 앞에는 쓸 수 없다.
  >
  > **他翻译了一，二，三章，另外三章你来翻吧。**
  > **他翻译了一，二，三章，其他三章你来翻吧。** 그가 1, 2, 3장을 번역했으니, 나머지 세 장은 네가 번역해라.
  >
  > **那是另外一个问题，我们现在不谈。**(○) 이것은 또 다른 문제이므로 지금 논하지 않는다.
  > **那是其他一个问题，我们现在不谈。**(×)

- 부사 '另外'는 동사 앞에 쓰여 '별도로' '따로' '그 밖에'라는 뜻을 나타낸다. '再' '又' '还' 등의 부사와 자주 같이 쓰인다.

  不要让他去了，我们另外再找人吧。 그가 가도록 하지 말고, 우리 따로 다시 사람을 찾아보자.

  这本书你拿去看吧，我另外还有一本。 이 책은 네가 가져가서 읽어. 나는 따로 한 권이 더 있어.

4 此刻，不妨**再**将时间往前推4个月。/ 北京将成为第一座既举办过夏季奥运会，**又**举办过冬季奥运会的城市。/ 在2017年之后，**还**将继续制定相关计划。

여기서 잠깐 다시 4개월 전으로 돌아가 보자. / 베이징은 하계올림픽 개최에 이어 동계올림픽까지 개최하는 첫 번째 도시가 될 것이다. / 2017년 이후 지속적으로 관련 방안을 제정할 것이다.

- 부사 '又' '再' '还'는 모두 동작·행위의 중복 또는 상태의 지속을 나타내지만, 용법에는 약간의 차이가 있다.

- '又'는 '또' '다시' '거듭'이라는 뜻으로, 같은 유형의 동작이나 상황이 중복되거나 계속됨을 나타낸다. 일반적으로 이미 발생한 일에 쓰이며, 동사 뒤에 종종 동태조사 '了' '过'가 온다.

    我校既举办过夏季运动会，又举办过冬季运动会。
    우리 학교는 하계운동회를 개최했고 또 동계운동회도 개최했다.

    刚才他又唱了一首。 방금 그는 또 한 곡을 불렀다.

    > **특수용법**
    >
    > '又'는 특수한 조건에서는 미래 상황에 쓰이기도 한다.
    >
    > ① 장차 반드시 출현하게 될 동작·상황의 중복을 나타낸다. 주로 '又是……了' '又该……了' '又要……了' 등의 형식으로 쓰인다.
    >
    >   **明天又是星期天了。** 내일이면 또 일요일이다.
    >   **下个月又该放假了。** 다음 달이면 또 방학이다.
    >
    > ② 장차 중복하여 출현할 어떤 상황에 대한 예측을 나타낸다. '又' 뒤에는 종종 가능을 나타내는 '会'나 '要'가 온다.
    >
    >   **你这样做，她又会生气的。** 네가 이렇게 하면, 그녀는 또 화를 낼 것이다.
    >   **明天看来又要下大雨。** 보아하니 내일 또 큰 비가 내릴 것 같다.
    >
    > ③ 객관적인 필요 또는 주관적인 바람에 의해 장차 어떤 상황이 중복하여 출현함을 나타낸다. 이때 '又' 뒤에는 항상 필요나 바람을 나타내는 '要'가 온다.
    >
    >   **她感冒了，明天又要去医院。** 그녀는 감기에 걸려서, 내일 또 병원에 가야 한다.
    >   **听说他又要去北京了。** 듣자 하니 그가 또 베이징에 간다고 한다.

- '再'는 '재차' '또'라는 의미로 같은 동작·행위가 중복되거나 계속됨을 나타내며, 주로 아직 발생하지 않은 상황이나 장래에 실현될 상황을 나타낸다.

    她参加过23届冬奥会，准备再参加24届平昌冬奥会。
    그녀는 23회 동계올림픽에 참가했는데, 24회 평창 동계올림픽에도 참가할 계획이다.

好，我再唱一首。 좋아, 내가 한 곡 더 부를게.

> **특수용법**
>
> '再'는 주로 미래 상황에 쓰이지만, 특수한 조건에서 과거의 어떤 상황이 중복 출현했거나 출현하지 않았음을 나타내기도 한다.
>
> 他走了以后没再来。 그는 떠난 후 다시 오지 않았다.
>
> 他走了以后再没来过。 그는 떠난 후 다시 온 적이 없다.

- '还'는 '여전히' '아직'이라는 의미로, 동작이나 상태가 그대로 지속됨을 나타낸다. '仍旧' '依然'과 같은 의미이다.

    老师不让他念了，他还念。 선생님이 읽지 말라고 했는데, 그는 아직도 읽고 있다.

    最重要的一些问题还没有答案。 가장 중요한 문제들은 여전히 답을 찾지 못했다.

    我还不想离开这儿。 나는 아직 여기를 떠나고 싶지 않다.

> **'又'와 '还'의 비교**
>
> '还'는 주로 현재의 지속 상태를 나타내지만, 미래 상황에도 쓰일 수 있다. 미래 상황에 쓰인 '又'와 '还'를 비교해 보자.
>
> 她家里出了事，明天又要请假。 [전에 휴가 낸 적이 있는데 내일 또 휴가 낼 예정임]
> 그녀는 집에 일이 생겨서, 내일 또 휴가를 내려고 한다.
>
> 他的病还没好，明天还要请假。 [오늘 휴가 냈는데 내일 또 계속해서 휴가 낼 예정임]
> 그는 병이 아직 안 나아서, 내일 휴가를 더 내야 한다.

> **'还'와 '再'의 비교**
>
> '还'는 주로 주관적인 요구에 의한 동작·행위의 중복을 나타내어 '要' '想' 등과 자주 함께 쓰인다. '再'는 주로 객관적인 필요에 의한 동작·행위의 중복을 나타낸다.
>
> 这儿的环境真不错，我明天还想来。 이 곳의 환경이 정말 좋아서 내일 또 오고 싶다.
>
> 他已经下班了，你明天再来吧。 그는 이미 퇴근 했으니, 내일 다시 오세요.

STEP 4 실력 키우기

1 보기에서 알맞은 단어를 찾아 괄호를 채우시오.

> 보기   又   再   还

1. 小王最近(　　)感冒了。
2. 小王的感冒虽然好些了，但是(　　)要好好休息。
3. 我们已经三年没见，你(　　)在那个公司上班吗？
4. 这几年我没(　　)去过母校，就去过那一回。
5. 作业没做完，晚上(　　)要继续做。
6. 他毕业以后没(　　)回来。
7. 这儿的学习环境很好，我明天(　　)想来这儿复习。
8. 今天的比赛，首尔队(　　)会赢。
9. 我们已经关门了，你星期一(　　)来吧。
10. 她学习非常努力，这学期的成绩(　　)会是第一。

2 제시어를 사용하여 작문하시오.

既……又…… / 既……也……

1. 우리 학교는 교육 중심 대학이자 연구 중심 대학이다.
   → _____

2. 일할 줄도 알고 쉴 줄도 알아야 한다.
   → _____

3. 그녀는 직업도 없었고 돈도 없었다.
   → _____

4. 그녀의 태도는 확실하지 않다. 긍정도 부정도 하지 않았다.
   →

5. 우린 그들의 달콤한 말을 믿지 않을 뿐만 아니라 그들의 위협도 두려워하지 않는다.
   →

6. 흡연은 자신의 건강뿐 아니라 타인의 건강에도 영향을 미친다.
   →

7. 공기는 무색 무미하다.
   →

8. 약은 먹기에 따라 몸에 이롭기도 하고 해롭기도 하다.
   →

9. 이 책은 재미있고 유익하다.
   →

10. 이 스웨터는 고급스러우면서도 세련된 디자인이다.
    →

3 '其他'나 '另外'를 사용해서 괄호를 채우고, '的'가 필요한지 여부를 판단하시오.

1. 他没有(　　　)合适的选择，这一点似乎很清楚。
2. 除了广州，我还去了(　　　)几个地方。
3. 我们不在一个城市，他在(　　　)一个城市。
4. 这几件行李随身带，(　　　)都托运走。
5. 我们除了要发展经济，(　　　)还要重视教育。
6. 父母不放心她一个人去，又(　　　)找了个人陪她去。
7. 我只用了一点，(　　　)都在这儿。
8. 事儿多，人手不够，(　　　)又找了几个人。
9. 买了一套家具，(　　　)还买了一些日用品。
10. 这是(　　　)一件事，不要放在一起讨论。

4 '都'나 '已经'을 사용해서 괄호를 채우고, 만약 둘 다 가능할 경우 어떤 것이 더 적절한지 판단하시오.

1. 她的孩子(   )两岁多了，怎么还不会说话？

2. 我的手(   )累得举不起来了，老板还说我干得少！

3. 经过三年的苦干，现在他(   )把账还了。

4. A: 你的普通话说得很好啊！
   B: 我(   )学了三年了。

5. 我们到那儿的时候，他(   )在等我们了。

6. 你(   )三十岁了，还不会自己做饭！

7. 她很年轻，可是现在这张脸(   )让人难以分辨年龄了。

8. 我(   )说了你多少次了，你怎么还是没什么进步？

9. A: 她去找老师了吗？
   B: (   )去了。

10. 她不想说下去，但是他(   )明白她要说什么了。

5 다음 지문을 읽고 제시된 내용이 맞으면 V, 틀리면 X를 표하시오.

中国从1974年起(到1990年)参加了5届亚洲地区运动会(在此以前，台湾运动员参加过4届)，首次参加第7届亚运会总分列第三位，第8届名列第二，第9届名列第一，第10届获得金牌总数第一。并承办第11届亚运会，于1990年在首都北京举行，获得金牌总数和奖牌总数均为第一，实现了冲出亚洲的宏愿。2010年，亚运会(16届)再度来到中国广州，中国以199金的成绩，在金牌榜与奖牌榜上都高居第一。

除了举办亚运会外，中国还在2008年成功举办了第29届北京奥林匹克运动会。中国代表团以51金的成绩，第一次登上了金牌榜首。北京奥运会向世人展示了中国，中国开始了从体育大国到体育强国的跨越。北京奥运会后，国家规定每年的8月8日为"全民健身日"，这极大地促进了中国国民身体素质的提高以及群众性体育的发展。2015年7月31日，北京获得2022年冬季奥林匹克运动会的举办权限。

1. 中国是从第7届亚运会开始参加的，在这以前是台湾运动员参加过4届。☐

2. 中国承办了两届亚运会，一次是1990年在首都北京承办了第11届亚运会；另一次是2010年在广州承办了第16届亚运会。☐

3. 第29届北京奥林匹克运动会是2008年成功举办的，中国代表团第二次获得第一名。☐

4. 北京已经获得了2022年冬季奥林匹克运动会的举办权限。☐

6 다음 주제에 대하여 중국어로 토론하시오.

中国体育事业发展情况如何？与韩国相比怎么样？如何促进韩中两国体育事业的交流和发展？

뉴스가 보이는 연관 단어

환경·대기오염

TRACK 09

PM2.5

초미세먼지. '细粒' '细颗粒' '细颗粒物'라고도 한다. 먼지는 입자의 크기에 따라 지름이 10마이크로미터(㎛) 이하(PM10)인 미세먼지, 지름이 2.5마이크로미터 이하(PM 2.5)인 초미세먼지로 나뉜다.

绿色建筑可以有效防御PM2.5等可吸入颗粒物入侵室内。昨天，在南京召开的第九届江苏省国际绿色建筑大会上，发布了《绿色建筑防治PM2.5科普宣传册》，普及绿色建筑室内防御和处理PM2.5的相关技术策略。 《南京日报》2016.11.04.

녹색 건축은 PM2.5 등 미립자의 실내 침입을 효과적으로 방지할 수 있다. 어제 난징에서 개최된 '제9차 장수성 국제 녹색 건축 대회'에서는 〈녹색 건축 PM2.5 방지 과학 보급 홍보 책자〉를 발표하며, 녹색 건축의 실내 PM2.5 방지 및 처리 관련 기술 전략을 널리 알렸다.

黄标车 huángbiāochē

중국 정부의 자동차 배기량 기준에 미달인 차량

截至目前，市直部门及所属事业单位已经报废处置黄标车1080台，预计全部市直部门及所属事业单位黄标车报废工作将于11月底完成。 《沈阳日报》2016.11.04.

현재까지 시 직속 부처 및 관련 사업체는 이미 배기량 기준 미달 차량 1,080대를 폐기 처리했다. 전체 시 직속 부처 및 사업체 관련 배기량 기준 미달 차량의 폐기 작업은 11월 말에 완료될 예정이다.

APEC蓝 APEC lán

APEC 블루. 2014년 11월 베이징에서 열린 '제22회 아시아태평양경제협력체회의(APEC)'의 성공적 개최를 위해 차량 홀짝제 시행, 베이징 주변의 공해유발 공장 가동중지, 난방시설 공급중단 등의 조치로 오랜만에 나타난 '베이징의 푸른 하늘'을 뜻한다. 이 기간에 인터넷에서 화제가 되어 'APEC 블루'라는 신조어가 생기게 되었다.

北京APEC会议期间，朋友圈里到处都是"APEC蓝"这个热词。我建议推动建立京津冀大气污染治理联席会议制度，为我们的生活留住"APEC蓝"。 《燕赵都市报》2016.01.07.

베이징 APEC 기간 동안 웨이신 모멘트는 온통 'APEC 블루'라는 단어로 가득했습니다. 저는 징진지(京津冀: 베이징, 톈진, 허베이) 대기오염 관리 연합 규정을 수립해 'APEC 블루'가 우리 생활 속에 계속 남아있기를 바랍니다.

환경·대기오염

阅兵蓝 yuèbīng lán

열병식 블루. 중국이 2015년 9월 3일 '항일전쟁 승리 70주년 기념 열병식'을 맞이하여 시행한 대기오염 개선 정책의 효과를 나타내는 신조어. 중국 정부는 열병식을 앞두고 대기오염 개선을 위해 8월 20일부터 차량 2부제와 시내 건축공사 중단 등 여러 대책을 시행하고 많은 지역의 공장가동을 통제하였고, 덕분에 사상 최장 기간인 2주 동안 공기품질이 '1급' 수준을 유지하였다.

> 昨天，"全国空气质量高分辨率预报和污染控制决策支持系统（NARS，即'呐思系统'）"在京发布，为将"阅兵蓝"变成"常态蓝"提供决策支持服务。
> 《京华时报》2016.09.13.

어제, '전국 공기질량 고해상도 예보 및 오염 관리 정책 지원 시스템(NARS)'이 베이징에서 발표되어 '열병식 블루'를 'Normal 블루'로 만드는데 정책적 지원 역할을 할 수 있게 되었다.

奥林匹克蓝 Àolínpǐkè lán

올림픽 블루. 중국이 2022년 동계올림픽 개최를 앞두고 대기오염을 관리하여 청량한 하늘을 만들겠다는 계획이다. 동계올림픽 위원회 주석인 왕안순(王安顺)은 2015년부터 2022년까지 7년간 베이징의 깨끗한 공기를 위한 행동계획을 빠르게 추진하겠다고 밝혔다.

> 中方与奥委会方面都认为，申办和筹办冬奥会能够加速区域乃至全国的大气污染治理的进程，大家都期待留住"奥林匹克蓝"。
> 《参考消息网》2015.07.31.

중국과 올림픽 위원회는 동계올림픽을 신청, 주최하는 것이 지역 및 전국 대기 오염 관리 개선을 가속화할 수 있다고 여기고 있다. 모든 사람들이 '올림픽 블루'가 유지되기를 바라고 있다.

绿色消费 lǜsè xiāofèi

녹색 소비. 지속 가능한 소비를 위해 최소한도의 기본 욕구를 충족시키면서 자연자원의 이용을 최소화하고 상품의 생산과 소비로 인한 환경파괴를 최소화함으로써 미래세대의 욕구충족을 저해하지 않는 소비를 뜻한다.

> 绿色消费者是指那些关心生态环境、对绿色产品具有现实的购买意愿和购买力的消费人群。他们具有绿色意识，并已经或可能将绿色意识转化为绿色消费行为。
> 《中国经济网》2016.08.05.

녹색 소비자는 생태 환경에 관심을 가지고 실생활에서 녹색 제품을 구매할 의향 및 구매력을 갖춘 소비 집단을 일컫는 말이다. 그들은 친환경 인식을 갖추고 있으며 이를 녹색 소비로 전환했거나 전환할 가능성이 있다.

| 뉴스 읽기 | 어휘 다지기 | 문장 따라잡기 | 실력 키우기 | 뉴스가 보이는 연관 단어 |

중국의 미디어

中国新闻发布走向常态化

중국 언론 보도 정규화되어 가다

연관 단어

중국공산당 중앙선전부, 국가신문출판광파전영전시총국, 신화통신사, 중국 중앙방송국(CCTV), 유명 사회자, 제1면 톱기사

중국은 그동안 언론의 자유를 허용하지 않고, 국가적인 언론 통제 정책을 써오며 국내외의 비판을 받아왔다. 그러나 최근 중국은 뉴스 공개 투명화와 보도의 정례화를 주장하며 시스템 개선과 체제 구축 등 언론 분야의 개혁을 시도하고 있다. 최근까지 언론과 인터넷을 강하게 통제하고 보도지침을 강화하던 모습과는 사뭇 다른 양상으로, 언론개혁 추진과 언론탄압이 혼재하는 모순된 중국의 현실을 보여주고 있다. 본문을 통해 과연 중국이 과감한 언론개혁을 통해 '세계 10대 언론통제국가'라는 오명을 벗고, 언론 현대화를 이루어갈 수 있을지 알아보자.

4

STEP 1 뉴스 읽기

中国新闻发布走向常态化

　　公开是方向，透明是常态。据¹统计，2015年国务院新闻办、党中央国务院各部门、各省(区、市)和新疆生产建设兵团共举办新闻发布会近2800场，比2014年增加300余场，创²下了历史新高。我国新闻发布工作在改进中加强，在创新中提高，取得了可喜成绩。

　　机制完善，定期发布成为常态。"七八年前，我们就与部分中央媒体签订了建立事故快速报道机制的协议。每次接到特大事故报告后，及时通知他们派记者到现场。"国家安监总局原新闻发言人黄毅告诉记者。从2001年算起，他已经做了15年的新闻发言人，见证了我国新闻发言人制度从初创到逐步建立健全的整个过程。

　　目前，按照中央要求，我国79个部门和各省(区、市)、新疆生产建设兵团都制定了新闻发布制度文件，对建立健全信息发布体系、落实信息发布责任、完善平台和工作机制、明确新闻发言人权利义务等方面作出了明确规定。

　　提起"4·2·1+N"的新闻发布模式，各中央部门的"一把手"都不陌生，这是去年5月，国务院新闻办对与宏观经济、民生关系密切和社会关注事项较多的部门提出的"刚性要求"。"4"，就是每季度至少举行1次新闻发布会，每年4次；"2"，就是这些部门的负责同志，每半年至少出席国务院新闻办公室新闻发布会1次，每年2次；"1"，就是这些部门的主要负责同志，每年至少出席国务院新闻办公室新闻发布会1次。

记者从[3]国务院新闻办获悉，2015年，53个部门主要负责同志或负责同志出席国务院新闻办新闻发布会。其中，发展改革委、工业和信息化部、海关总署等15个部门的"一把手"出席。截至目前，有6个部门全面完成"4·2·1+N"新闻发布模式有关要求，26个部门建立例行新闻发布制度，定期发布信息成为常态。

新闻发布机制走向定期化、常态化的同时，新闻发言人队伍也在成长起来。目前，68个部门和29个地方的现任新闻发言人按要求参加了国务院新闻办组织的相关培训，绝大多数中央部门和所有地方已设立厅局级以上干部担任的新闻发言人。

정규화되고 있는 중국의 언론 보도

"这些年，一些部门和地方从缺乏新闻发布机制、不愿面对媒体到建章立制、主动发生、新闻发言人队伍建设得到加强，我国的新闻发布工作取得了很大的成绩。"北京大学国家战略传播研究院院长程曼丽表示。

　　"现在我们的管理，已经向前迈进了一大步，但要进一步重视舆论环境的变化。"程曼丽建议，相关负责人要增强对媒体的了解，真正学会和媒体及网民沟通；发布信息后，不能光看正面评价和"点赞"，也要重视批评声音；新闻发布工作站在国际化平台上，打通内外很有必要，因为很多情况下，即使[4]是在国内发布新闻，世界也在瞩目。

《人民日报》

STEP 2 어휘 다지기

 TRACK 11

常态	chángtài	명 정상적인 상태, 평소의 상태
创新	chuàngxīn	동 옛 것을 버리고 새 것을 창조하다, 혁신하다
可喜	kěxǐ	형 즐겁다, 만족스럽다, 기쁘다
机制	jīzhì	명 체제, 시스템
完善	wánshàn	형동 완벽하다, 완전하다, 완벽하게 하다
签订	qiāndìng	동 체결하다, 서명하다
见证	jiànzhèng	동 증명할 수 있다, 증거를 댈 수 있다
初创	chūchuàng	동 처음으로 창립하다, 처음 세우다
健全	jiànquán	동 완전하게 하다, 완벽하게 하다
一把手	yìbǎshǒu	명 제1인자, 최고 책임자
陌生	mòshēng	형 생소하다, 낯설다
刚性	gāngxìng	명 강한 성질
获悉	huòxī	동 (어떤 소식·상황을) 알게 되다, 정보를 얻다
截至	jiézhì	동 (시간적으로) ~까지 마감이다, ~에 이르다
模式	móshì	명 양식, 패턴, 모델, 모형
例行	lìxíng	동 관례대로 처리하다
媒体	méitǐ	명 매체
迈进	màijìn	동 돌진하다, 매진하다, 나아가다
舆论	yúlùn	명 여론
网民	wǎngmín	명 네티즌(netizen)
平台	píngtái	명 플랫폼(platform)
打通	dǎtōng	동 관통시키다, 통하게 하다, 소통시키다
瞩目	zhǔmù	동 눈여겨보다, 주목하다

STEP 3 문장 따라잡기

1. **据**统计，2015年国务院新闻办、党中央国务院各部门、各省(区、市)和新疆生产建设兵团共举办新闻发布会近2800场。

   통계에 따르면 2015년에 국무원 신문판공실, 당 중앙, 국무원 각 부처, 각 성(구, 시), 그리고 신장생산건설병단이 공동 주최한 언론 브리핑 건수는 약 2,800회에 달한다.

- 개사 '据'는 '~에 따르면' '~에 의하면'이라는 뜻으로 행동의 근거를 설명한다. '看' '说' '分析' 등의 동사와 자주 결합하는데, 이때는 의견이나 생각의 근거를 나타낸다. '根据'는 '~에 근거하여' '~에 따라'라는 의미로 어떤 사물이나 동작을 전제로 하거나 근거로 함을 나타낸다. '根据+명사/동사'의 형태로 쓰이며, 주로 주어 앞에 온다.

  据统计，2015年末中国人口为137462万人。
  통계에 의하면 2015년 말 중국 인구는 13억 7462만 명이다.

  据我看，这个城市需要更多的交通管制。
  내가 보기에 이 도시는 더 많은 교통 통제가 필요하다.

  她根据作者、年龄和插图画家分别为该书编了索引。
  그녀는 저자, 연령, 삽화가 분류에 근거해 이 책의 색인을 편집했다.

  根据《义务教育法》规定，义务教育可以分为初等教育和初级中等教育两个阶段。
  《의무교육법》규정에 따르면 의무교육은 초등교육과 초급중등교육 두 단계로 나뉜다.

  ### '据'와 '根据'의 비교

  ① '据'는 단음절 명사와 함께 쓸 수 있지만, '根据'는 함께 쓸 수 없다.

     据实报告。 사실에 근거해 보고하다.
     根据实报告。(×)
     根据事实报告。 사실에 근거해 보고하다.

  ② '据'는 '说' '报' '闻' '传' 등과 결합할 수 있지만, '根据'는 결합할 수 없다.

     据报明天有雪。 보도에 따르면 내일 눈이 온다고 한다.
     根据报明天有雪。(×)
     根据报导明天有雪。 보도에 따르면 내일 눈이 온다고 한다.

  ③ '据'는 '某人说' '某人看来' 등의 절과 결합할 수 있지만, '根据'를 쓸 때는 절을 명사구로 고쳐야 한다.

     据他说，王老师的病情并不严重。
     根据他的说法，王老师的病情并不严重。 그의 말에 따르면 왕 선생님의 병세는 별로 심각하지 않다.

> **2** 比2014年增加300余场，创下了历史新高。
>
> 2014년보다 약 300여 회 증가해 역대 최고치를 기록했다.

- 동사 '创'은 '창조하다' '시작하다' '처음으로 하다'라는 뜻으로, 뒤에 '记录' '新高' 등과 결합하여 '신기록을 세우다' '최고치를 기록하다'라는 의미를 나타낸다.

  今年来韩旅游的中国游客人数创下历史新高。
  올해 한국에 온 중국 관광객 수는 역대 최고치를 기록했다.

  不久的将来，韩中两国的贸易额将创下历史新高。
  머지않은 미래 한중 두 나라의 무역액이 역대 최고치를 기록할 것이다.

  全国受重度雾霾天气影响的天数创下历史新高。
  전국적으로 초미세먼지 발생 일수가 역대 최고치를 기록했다.

  这部电影创下了卖座率新记录。
  이 영화는 좌석 점유율에서 신기록을 세웠다.

> **3** 记者从国务院新闻办获悉，2015年，53个部门主要负责同志或负责同志出席国务院新闻办新闻发布会。
>
> 기자는 국무원 신문판공실을 통해 2015년에 53개 부처의 주요 책임자 또는 책임자들이 국무원 신문판공실 언론 브리핑에 참석했다는 것을 알게 되었다.

- '从……获悉'는 '~로부터 어떤 소식이나 상황을 알게 되다, 정보를 얻다'라는 의미로, 기사문에 자주 쓰이는 표현이다.

  从新华社获悉，中韩两国将举行贸易会谈。
  신화사 소식에 따르면 한중 양국은 곧 무역회담을 진행할 것이라고 한다.

  昨天，记者从交通部获悉，截至6月30日，全市出租车完成调价。
  어제 기자는 교통부로부터 6월 30일에 시내 택시 요금이 인상된다는 소식을 들었다.

  从相关部门获悉，今年春节放假7天。
  관련 부처로부터 올해 음력 설 연휴가 일주일이라고 전해 들었다.

4 因为很多情况下，即使是在国内发布新闻，世界也在瞩目。

중국 내에서 발표하는 뉴스라도 세계의 주목을 받는 경우가 많기 때문이다.

- '即使A也B'는 '설사 A하더라도, B하다' '설령 A일지라도 B일 것이다'라는 뜻으로, 두 개 이상의 문장이 연결되어 있는 복문을 만든다. 앞 절에는 주로 가정의 상황이 오며, 뒤 절에는 그러한 상황의 영향을 받지 않는 결과나 결론이 온다.

    即使是轻微的头部创伤也会对心理产生长期影响。
    경미한 머리 부상이라도 심리적으로 장기적인 영향을 끼칠 수 있다.

    即使各方面条件再好，也要靠自己的努力才能成功。
    설사 여러 조건이 아무리 좋다 해도 스스로 노력해야 성공할 수 있다.

    即使有困难，我也要干到底。
    어려움이 있더라도 나는 끝까지 할 것입니다.

    即使你有理，也不该发火呀。
    설령 너한테 일리가 있더라도 화낼 필요는 없잖아.

STEP 4 실력 키우기

1 보기에서 알맞은 단어를 찾아 괄호를 채우시오.

> 보기   据   根据

1. (　　) 生理学家的估计，少年每天消耗于运动的热量约600千卡。

2. (　　) 我所知，他的话可能有一点儿道理。

3. (　　) 不同标准，可以划分为不同的课程类型。

4. (　　) 世界各国研究，男女儿童性成熟有提前的趋势。

5. 现在的社会(　　)能力的不同，待遇也不同。

6. (　　) 统计，2015年末中国(包括台湾、香港、澳门)人口总数约14.0599亿。

7. (　　) 中国各地的发展状况看，沿海城市经济、文化都比较发达。

8. (　　) 他分析，死记硬背教育对男孩女孩都不利。

9. (　　) 她调查，我公司具有大学文化程度的职工占75%。

10. (　　) 事实推论，才是科学的、正确的态度。

2 '即使……也'를 사용하여 문장을 완성하시오.

> 보기　是传统意义上的历史资料 / 我们面临解读的困难
> → 即使是传统意义上的历史资料，我们也面临解读的困难。

1. 面临社会动乱 / 他们能应付自如
   → _____

2. 是最高级的计算机 / 无法具有人脑意识活动的主观能动性与社会性
   → _____

3. 是名牌大学毕业生 / 找工作并不简单
   → _____

4. 我们能找到一些相关信息 / 几乎都是由精英们撰写的
   →

5. 是同卵的孪生子 / 他们的生理和心理存在着差异
   →

6. 是在突发性危机的情况下 / 法治应是实现控制的重要手段
   →

7. 在现代经济里 / 政府不允许市场在许多领域自由发展
   →

8. 同样的成语 / 大家的认识不一样
   →

9. 白白奉送 / 他不敢要
   →

10. 你多次失败 / 没有人会潮笑你
    →

3 제시어를 사용하여 작문하시오.

据 / 根据

1. 소설 원작에 따라 이 영화 극본을 각색했다.
   →

2. 여러분의 의견에 따라 우리는 계획을 다시 수정하고자 합니다.
   →

3. 분석에 의하면 내년 금리는 아마도 오를 것이다.
   →

创……记录/新高

4. 이 한국 드라마의 중국 시청률은 역대 최고치를 기록했다.
   → _____

5. 올해 우리 공장은 생산량에서 신기록을 세웠다.
   → _____

6. 우리 회사는 새로운 마케팅 전략으로 판매량에서 역대 신기록을 세웠다.
   → _____

从……获悉

7. 어제 기자는 베이징시 공안국으로부터 범인이 잡혔다는 소식을 접했다.
   → _____

8. 교육부 관련 부처로부터 올해 대학 입시가 6월 7일부터 시작한다는 것을 알게 되었다.
   → _____

9. 나는 믿을만한 소식통으로부터 이 회사의 경영상황이 매우 좋지 않다는 것을 알게 되었다.
   → _____

即使……也……

10. 설사 하늘이 무너져 내린다 해도 우리는 두렵지 않다.
    → _____

11. 네가 살만한 물건이 없더라도 나가서 좀 돌아다니는 것도 괜찮아.
    → _____

12. 요즘에는 환갑노인이라 해도 스마트폰을 사용할 줄 안다.
    → _____

4 다음 지문을 읽고 내용이 맞으면 V, 틀리면 X를 표하시오.

> 新媒体(New Media)是媒体形态的一种。新媒体是一个相对的概念，是报刊、广播、电视等传统媒体以后发展起来的新的媒体形态，包括网络媒体、手机媒体、数字电视等。
>
> 新媒体亦是一个宽泛的概念，利用数字技术、网络技术，通过互联网、宽带局域网、无线通信网、卫星等渠道，以及电脑、手机、数字电视机等终端，向用户提供信息和娱乐服务的传播形态。严格地说，新媒体应该称为数字化新媒体。

1. 新媒体既是一个相对的概念，又是一个宽泛的概念。☐
2. 新媒体是传统媒体(报刊、广播、电视等)以后发展起来的新的媒体形态。☐
3. 新媒体包括网络媒体、手机媒体、广播电视等。☐
4. 新媒体向用户提供信息的传播形态是通过互联网、宽带局域网、无线通信网、卫星等渠道，以及电脑、手机、数字电视机等终端。☐

5 다음 주제에 대하여 중국어로 토론하시오.

你认为中国传统媒体(报刊、广播、电视等)的公开度、透明度如何？新媒体怎样向用户提供信息的？与韩国相比怎么样？

뉴스가 보이는 연관 단어

언론·방송

中共中央宣传部 Zhōnggòng Zhōngyāng Xuānchuánbù

중국공산당 중앙선전부. 중국공산당 중앙위원회의 직속기구로, 중국 내의 신문, 출판물, 텔레비전, 영화, 인터넷 등 모든 미디어를 관리 감독한다.

2016年5月26日，中共中央宣传部、司法部、全国普法办公室经中央批准在北京召开了第八次全国法治宣传教育工作会议。

《山西日报》2016.06.13.

2016년 5월 26일, 중공중앙선전부, 사법부, 전국 보법판공실은 중앙의 비준을 받아 베이징에서 '제8차 전국 법치 홍보 교육 회의'를 개최했다.

国家新闻出版广播电影电视总局
Guójiā Xīnwén Chūbǎn Guǎngbō Diànyǐng Diànshì Zǒngjú

국가신문출판광파전영전시총국. 중국공산당 중앙선전부와 국무원의 직속기관으로, 중국 내에서 방영되는 모든 드라마, 영화, 라디오 등의 미디어 컨텐츠를 관리 감독한다. 약칭하여 '新闻出版广电总局'라고 한다.

近日，国家新闻出版广电总局发布《关于进一步加快广播电视媒体与新兴媒体融合发展的意见》。国家新闻出版广电总局新闻发言人就《意见》的发布回答了记者提问。

《国家新闻出版广电总局》2016.07.18.

최근 신문출판광전총국에서 〈방송 TV 매체 및 신흥 언론 융합 발전 가속화 의견〉을 발표했다. 광전총국 대변인은 위 〈의견〉에 대한 기자들의 질문에 답변했다.

新华通讯社 Xīnhuá Tōngxùnshè

신화통신사. 중국 내 모든 내외신 뉴스를 총체적으로 관할하는 국영통신사로, 국무원 직속기관이다. 약칭하여 '新华社'라고 한다.

新华社刚成立时的名字叫红色中华通讯社，简称"红中社"；从1937年1月起，改名为新华通讯社。

《新华社新媒体专线》2016.11.07.

신화사의 설립 당시 이름은 '홍색 중화 통신사'로, 약칭하여 '홍중사'라고 했다. 1937년 1월부터 '신화통신사'로 이름을 바꿨다.

4 中国新闻发布走向常态化 | 65

언론·방송

中国中央电视台 Zhōngguó Zhōngyāng Diànshìtái

중국 중앙방송국(CCTV). 중국 국영 방송국으로서, 뉴스는 공산당의 관리, 검열 하에 실시하고 있으며 1990년대부터 정부의 보조금이 삭감되자 광고방송도 하고 있다. 약칭하여 '央视'라고 한다.

中央电视台戏曲音乐频道精心策划的春节特别节目《美丽中国唱起来》"走进幸福宝鸡"大型惠民演出活动将于11月13日13时在我市石鼓阁广场盛大举行。 《古汉台网》2016.11.14.

중앙방송국(CCTV) 희곡 음악 채널에서 야심 차게 기획한 설 특별 프로그램 〈아름다운 중국을 노래하자-행복한 '바오지(지명)'로 들어가다〉의 대규모 혜민 공연 행사가 11월 13일 13시 스구거 광장에서 성대하게 개최될 예정이다.

중국 중앙방송국(CCTV)

名嘴 míngzuǐ

텔레비전이나 라디오 방송국의 유명 사회자. '央视名嘴'는 'CCTV 유명 사회자'를 가리킨다.

白岩松、曾侃、贺炜等名嘴领衔的央视主持人足球队，吸引了大批"粉丝"前来观战。场上此起彼伏的欢呼声，让其大有反客为主的气势。 《扬子晚报网》2016.11.14.

바이옌송(白岩松), 정칸(曾侃), 허웨이(贺炜) 등 CCTV 유명 사회자로 구성된 축구팀을 보려고 수많은 팬들이 시합을 관람했다. 경기장에 끊임없이 울려 퍼진 환호성은 마치 주객이 전도된 모습이다.

头版头条 tóubǎn tóutiáo

제1면 톱기사. 신문·잡지에서 첫머리에 싣는 중요한 기사

人民日报头版头条文章：让互联网更好造福国家和人民
作为20世纪最伟大的发明之一，互联网的诞生，给人类发展带来新机遇，给社会发展带来新课题，也给国际治理带来新挑战。 《澎湃新闻网》2016.11.14.

인민일보 헤드라인: 인터넷으로 국가와 국민에게 더 큰 행복을 주다. 20세기 가장 위대한 발명 중 하나인 인터넷의 탄생은 인류 발전에 새로운 기회를 주었고, 사회 발전에 새로운 과제를 주었으며, 국제 관리에 새로운 도전을 가져 왔다.

| 뉴스 읽기 | 어휘 다지기 | 문장 따라잡기 | 실력 키우기 | 뉴스가 보이는 연관 단어 |

중국의 교육

5

中国教育存在三个遗憾

중국 교육의 세 가지 아쉬운 점

연관 단어
국가중점대학, 211프로젝트, 985프로젝트, 1본·2본·3본 대학, 뤄바오족

중국 경제와 마찬가지로 중국 교육도 뉴노멀(新常态) 단계에 이르렀다. 교육의 '뉴노멀'은 지식습득의 주입식 교육에서 능력양성의 현대화 교육으로, 보편적 교육에서 개성화 교육으로, 아날로그 교육에서 디지털 교육으로 전환하여, 우수한 성품을 지닌 책임감 있고 자립할 수 있는 국민을 양성하는데 목표를 두고 있다. 본문은 뉴노멀 시대에도 존재하는 중국 교육의 아쉬운 점을 지적하고, 인재 양성 방식 및 입시 제도의 개혁을 주장하고 있다. 우리나라와 비슷하면서도 다른 중국 교육제도의 이면을 살펴보자.

STEP 1 뉴스 읽기

中国教育存在三个遗憾

TRACK 13

　　国家教育咨询委员会委员、中国教育学会常务副会长戴家干今日在北京表示，中国高考招生制度下的教育存在着三个遗憾，分别是制度、评价标准和考试数据浪费的遗憾。

　　由¹中国教育学会高中专业委员会主办、三好网承办的"2016互联网+个性化教育发展论坛"今日举行。戴家干说，教育改革的首要任务是人才培养模式的改革，第二个任务是招生考试制度的改革，两项改革是推动中国教育的重要环节。从这个意义上来讲，我们的教育，特别是高考招生制度下的教育，确确实实存在着三个遗憾。

　　第一是制度层面的遗憾。"试想我们的制度是建立在大多数人不成功的基础上，这样一个制度是好是坏？"戴家干说，对大多数人来说，没考上清华是失败，没考上重点是失败，没考上"211"高校是失败，没考上"985"高校是失败，没考上一本、二本、三本院校是失败，如果这些都是失败，我们的制度是好还是坏？

　　第二是评价标准的遗憾。"我们永远是一把²尺子衡量人，这把尺子仅仅是考试，不管³是城镇孩子还是农村孩子都存在某种意义上的缺憾。"戴家干认为。

第三是考试数据浪费的遗憾。"人家说21世纪什么最值钱？数据最值钱。那么我们教育最大的缺憾就是数据的浪费。"戴家干表示，一个人一生要经历很多次考试，如果4把这些数据集中起来，就会发现数据背后孩子的潜能、胜任力、思维模式等。但现实是海量的数据没有被搜集整理，孩子的潜能没有充分被挖掘。

　　戴家干说，互联网是一个技术工具的革命，更是思维模式的革命，它给我们带来了按需所取的思想变革。每一个孩子就算双胞胎的成长也不可能一样，社会环境、遗传基因、兴趣爱好都不相同。怎么挖掘孩子的不同点、形成更个性化的教育，用科技为学生成才发展提供更好的服务，是今天互联网时代需要解决的问题。

《中国新闻网》

뉴노멀 단계에 진입한 중국 교육

STEP 2 어휘 다지기

TRACK 14

咨询	zīxún	동 자문하다, 상의하다, 의논하다
高考	gāokǎo	명 대학 입학 시험 ['高等学校招生考试'의 약칭]
招生	zhāoshēng	동 신입생을 모집하다
遗憾	yíhàn	동 유감이다, 섭섭하다
数据	shùjù	명 데이터, 통계 수치
承办	chéngbàn	동 맡다, 처리하다, 담당하다
个性化	gèxìnghuà	동 개성화시키다
论坛	lùntán	명 논단, 칼럼, 포럼
环节	huánjié	명 부분, 일환
确确实实	quèqueshíshí	형 정확하다, 매우 확실하다
试想	shìxiǎng	동 생각해 보다
尺子	chǐzi	명 자, 잣대, 척도, 표준
衡量	héngliáng	동 측정하다, 평가하다, 판단하다
仅仅	jǐnjǐn	부 단지, 다만
城镇	chéngzhèn	명 도시와 읍
缺憾	quēhàn	명 유감스러운 점, 불충분한 점
值钱	zhíqián	형 값어치가 있다, 값지다
潜能	qiánnéng	명 잠재력, 잠재 능력, 가능성
胜任	shèngrèn	동 (맡은 직책이나 임무를) 감당하다
挖掘	wājué	동 찾아내다, 발굴하다
双胞胎	shuāngbāotāi	명 쌍둥이
基因	jīyīn	명 유전자, 유전 인자

STEP 3 문장 따라잡기

1. 由中国教育学会高中专业委员会主办、三好网承办的"2016互联网+个性化教育发展论坛"今日举行。
중국 교육학회 고등학교전문위원회가 주최하고 인터넷 사이트 싼하오왕(三好网)이 주관하는 〈2016 인터넷 플러스 개성화 교육 발전 포럼〉이 오늘 개막했다.

- 개사 '由'는 '~이(가)' '~에서' '~로부터'라는 뜻으로 동작의 주체를 이끌어 내며, 이때 주어는 피동이 된다.

由中韩教育学会联合主办的"2017中韩教育论坛"将在韩国庆州今日举行。
한중 교육학회가 공동 주최하는 〈2017 한중교육포럼〉이 오늘 한국 경주에서 개최된다.

由您主持会议，由我主持晚会。 당신이 회의를 주재하고, 제가 저녁 만찬을 진행하겠습니다.

去不去旅行由你自己决定。 여행을 가고 안 가고는 네 스스로 결정해라.

'由'와 '被'의 비교

'由'와 '被'는 둘 다 동작의 행위자를 이끌어 내지만 나타내는 의미는 서로 다르다.

	'由'를 사용한 문장	'被'를 사용한 문장
의미	어떤 일의 책임자가 누구인지를 설명한다.	어떤 대상이 어떤 동작의 영향을 받아 어떤 결과를 초래했는지를 설명한다.
동작의 목적성	목적성이 강하다.	목적성이 강하지 않다.

① 水果由洪吉东来买。 과일은 홍길동이 산다.
② 由洪吉东来买水果。 홍길동이 과일을 산다.
③ 买茶点这件事由洪吉东来办。 다과 사는 일은 홍길동이 한다.
④ 杯子被洪吉东打碎了。 컵은 홍길동이 깨뜨렸다.
⑤ 自行车被人偷走了。 자전거는 (남에게) 도둑맞았다.
⑥ 洪吉东被学校选为优秀学生。 홍길동이 학교에서 우수학생으로 뽑히다.

예문 ①은 '과일 사는 일'을 책임지고 있는 사람이 다른 사람이 아닌 바로 '홍길동'임을 설명한다. 누가 그 일을 할 것인지 일부러 안배한 것이기 때문에 목적성이 강하다. 예문 ④는 '컵'이 '打'라는 동작의 영향을 받아 '碎了'라는 결과를 초래했음을 설명한다. '打碎杯子'는 누군가가 일부러 안배한 것이 아니기 때문에 목적성이 강하지 않다.

> **2** 我们永远是一**把**尺子衡量人，这**把**尺子仅仅是考试。
> 우리는 항상 하나의 잣대를 가지고 사람을 평가하고, 그 잣대는 바로 시험이다.

- 양사 '把'는 쓰임이 매우 다양하다. 일반적으로 손잡이가 있는 물건을 세는 데 쓰인다.

    一把枪 총 한 자루   一把伞 우산 한 자루   一把椅子 의자 하나

    两把叉子 포크 두 개   一把壶 주전자 하나

- 한 주먹으로 잡을 수 있는 만큼의 분량을 셀 때 쓰인다.

    一把米 쌀 한 줌   一把花儿 꽃 한 다발   一把韭菜 부추 한 움큼

- 나이, 힘, 기능 등 추상적인 사물에도 쓰인다. 이때 수사는 '一'만 쓴다.

    有一把年纪 나이가 지긋하다

    他可真有把力气。 그는 대단한 힘을 가지고 있다.

    他有一把好手艺。 그는 훌륭한 손재주를 가지고 있다.

- 손과 관련된 동작에 쓰인다.

    拉了一把 한번 잡아끌었다   推了一把 한번 밀었다   抓了一把 한 줌 쥐었다

※주의: 목적어가 사람일 때는 '把' 앞에 목적어가 오고, 목적어가 사물일 때는 '把' 뒤에 목적어가 온다.

老师拉了我一把。 선생님은 나를 끌어당겼다.

男朋友拽了她一把。 남자 친구는 그녀를 잡아당겼다.

他擦了一把脸。 그는 얼굴을 닦았다.

她捏了一把汗。 그녀는 손에 땀을 쥐었다.

3 　**不管**对城镇孩子**还是**农村孩子都存在某种意义上的缺憾。

이는 도시 학생에게 있어서든, 농촌 학생에게 있어서든 모두 어떤 면에서 아쉬운 부분이다.

- '不管'은 '~을 막론하고' '~에 관계없이'라는 뜻의 접속사로, 뒤에 부사와 자주 호응하여 쓰인다. 고정격식 '不管A还是B'는 'A이든 B이든'이라는 뜻을 나타낸다.

  不管明天是否下雨，我们还是继续工作。
  내일 비가 오든지 말든지 상관없이 우리는 계속 일을 한다.

  不管是在中国还是在韩国，教育问题都是百年大计。
  중국이든 한국이든 교육문제는 모두 백년대계이다.

  不管直接的还是间接的，听来的消息不一定可靠。
  직접으로든 간접으로든 들은 소식은 확실하지 않다.

4 　**如果**把这些数据集中起来，**就**会发现数据背后孩子的潜能、胜任力、思维模式等。

이 데이터들을 모두 결집한다면 학생들의 잠재력, 실행력, 사고방식 등을 알 수 있을 것이다.

- 접속사 '如果'는 문장에서 '如果A就B'의 형식으로 쓰여 '만약에 A하면 B하다'라는 의미를 나타낸다. 가정관계 복문으로, 가정된 상황에서 결과를 설명할 때 쓰인다. '要是A就B'로도 쓸 수 있다.

  如果不进行教育改革，就会出现重大问题。
  만약 교육개혁을 진행하지 않으면 엄청난 문제가 생길 수 있다.

  如果明天下大雨，我们就不去了。
  만약 내일 비가 많이 오면 우리는 가지 않을 것이다.

  你要是明天有空，就到我家吃晚饭吧。
  내일 시간이 있으면, 우리 집에 저녁식사 하러 오세요.

STEP 4 실력 키우기

1 다음 문장에서 '把'의 품사(양사/개사)를 쓰고, 해석하시오.

1. 他有一把好手艺，把丝巾捆成一把花儿，送给了女朋友。
   →

2. 明天要下雨，请大家带一把伞。
   →

3. 她把口袋里的东西掏出来一看，是一把糖。
   →

4. 为了提前完成任务，咱们还得加把劲。
   →

5. 我把装在书包里的书取出后装了一大把米。
   →

6. 桌子上放着一把壶、两把刀子、两把叉子等。
   →

7. 他把今天的作业做好后，搬了两把椅子放在客厅里。
   →

8. 她抓了两把米，又抓了一把韭菜，加上鸡蛋熬成粥了。
   →

9. 他有一把年纪了，但可真有把力气。
   →

10. 电视机前放着四把椅子，他拉了一把坐下了。
    →

2 다음 제시어를 사용하여 문장을 고쳐 쓰시오.

由 / 被

1. 昨天老师批评了他一顿。
   →

2. 小明，明天的晚会你负责吧。
   →

3. 他不认真工作，所以公司开除了他。
   →

4. 今天忘记带伞了，衣服都淋湿了。
   →

5. 他们很勇敢，困难吓不倒他们。
   →

6. 我们商量好了，小王负责提意见，小刘负责写申请。
   →

不管……还是……

7. 是从教育、生源的角度看，该地区都是一个很重要的地方。
   →

8. 事情多么艰难，尽力而为吧。
   →

9. 你怎么说，我相信他的话是真实的。
   →

10. 是富人、穷人，人人都有烦恼。
    →

11. 论家庭、论长相，小王和小李都很般配。
    →

12. 是东北、西北，百姓的生活都差不多。
    →

3 '如果……就'를 사용하여 작문하시오

1. 노력하면 그만큼 효과가 있을 것이다.
   →

2. 아무리 좋은 책일지라도 읽지 않으면 아무 의미가 없다.
   →

3. 내가 할 수 있다면 할 거예요.
   →

4. 만약 이 방법이 확실히 실효가 있다면 널리 보급해야 한다.
   →

5. 사지 않을 거면, 옷을 반환하세요.
   →

6. 내게 돈이 많이 있다면 좋을 텐데.
   →

7. 만약 그가 너의 친구라면, 반드시 너를 도와줄 것이다.
   →

8. 만약 비싸면 내가 당신과 분담할게요.
   →

4 다음 지문을 읽고 제시된 내용이 맞으면 V, 틀리면 X를 표하시오.

[1]

> 在最新2016中国大学综合评价排行榜700强中，北京大学连续9年问鼎中国大学排行榜冠军宝座，综合得分为100分，雄居2016中国大学排行榜100强冠军；清华大学98.50分，位居第2，复旦大学82.79分，名列第3，武汉大学82.43分，位列第4，浙江大学82.38分，比去年上升1名，位居第5；中国人民大学81.98分，名列第6；上海交通大学81.76分，名列第7，南京大学80.43分，位列第8，国防科学技术大学80.31分，上升1名，名列第9；中山大学76.46分，位居第10。

名次	学校名称	所在地区	总分	2016办学类型、等级和层次		
				办学类型	星级排名	办学层次
1	北京大学	北京	100.00	中国研究型	7星级	世界知名高水平大学
2	清华大学	北京	98.50	中国研究型	7星级	世界知名高水平大学
3	复旦大学	上海	82.79	中国研究型	6星级	中国顶尖大学
4	武汉大学	湖北	82.43	中国研究型	6星级	中国顶尖大学
5	浙江大学	浙江	82.38	中国研究型	6星级	中国顶尖大学
6	中国人民大学	北京	81.98	中国研究型	6星级	中国顶尖大学
7	上海交通大学	上海	81.76	中国研究型	6星级	中国顶尖大学
8	南京大学	江苏	80.43	中国研究型	6星级	中国顶尖大学
9	国防科学技术大学	湖南	80.31	中国研究型	7星级	世界知名高水平大学
10	中山大学	广东	76.46	中国研究型	5星级	中国一流大学
11	吉林大学	吉林	76.01	中国研究型	5星级	中国一流大学
12	中国科学技术大学	安徽	75.14	中国研究型	6星级	中国顶尖大学
13	华中科技大学	湖北	75.12	中国研究型	5星级	中国一流大学
14	四川大学	四川	74.99	中国研究型	5星级	中国一流大学
15	北京师范大学	北京	74.75	中国研究型	5星级	中国一流大学
16	南开大学	天津	74.46	中国研究型	5星级	中国一流大学
17	西安交通大学	陕西	73.56	中国研究型	5星级	中国一流大学
18	中南大学	湖南	73.13	中国研究型	5星级	中国一流大学
19	同济大学	上海	72.85	中国研究型	5星级	中国一流大学
20	天津大学	天津	72.81	中国研究型	5星级	中国一流大学

1. 北京大学从2008年到2016年连续获得中国大学综合评价排行榜第一名。☐
2. 浙江大学获得2016年中国大学综合评价排行榜第五名，2015年第六名。☐

[2]

> 以下是2016《中国大学评价》中全国721所普通高等学校科研综合实力、自然科学实力、社会科学实力，以及理学、工学、农学、医学、哲学、经济学、法学、教育学、文学、历史学、管理学、艺术学等12个学科门类的等级。表中的等级，指的是中国普通高校以创新能力为代表的各学科门类学术水平。

2016 중국 721개 대학 학부별 순위 명단(A++등급)					
大学类型	第一名	第二名	第三名	第四名	第五名
综合类	浙江大学	北京大学	清华大学	上海交通大学	复旦大学
自然科学类	浙江大学	清华大学	北京大学	上海交通大学	复旦大学
社会科学类	北京大学	中国人民大学	南京大学	清华大学	武汉大学
理学类	北京大学	南京大学	浙江大学	中国科技大学	复旦大学
工学类	清华大学	浙江大学	哈尔滨工业大学	上海交通大学	天津大学
农学类	中国农业大学	南京农业大学	西北农林科技大学	华中农业大学	浙江大学
医学类	上海交通大学	复旦大学	北京大学	中山大学	浙江大学
哲学类	中国人民大学	北京大学			
经济学类	中国人民大学	北京大学	南开大学	厦门大学	山海财经大学
法学类	中国人民大学	北京大学	清华大学	武汉大学	中国政法大学
教育学类	北京师范大学	华东师范大学	华南师范大学	西南大学	华中师范大学
文学类	北京大学	南京大学	复旦大学	中国人民大学	北京师范大学
历史类	北京大学	南开大学	北京师范大学	武汉大学	南京大学
管理学类	清华大学	中国人民大学	武汉大学	南京大学	北京大学
艺术学类	中央音乐学院	南京艺术学院	中央美术学院	上海音乐学院	中国美术学院

인민왕(人民网)

1. 文章中的全国721所普通"高等学校"和韩国的"高等学校"是同样的概念。☐

2. 2016《中国大学评价》中科研综合实力、自然科学实力、社会科学实力是比较重要的。☐

5 다음 주제에 대하여 중국어로 토론하시오.

改革开放以来中国的教育事业有何发展？现在存在着什么问题？如何加强韩中两国教育事业的交流和发展？

뉴스가 보이는 연관 단어

교육 정책

TRACK 15

国家重点大学 guójiā zhòngdiǎn dàxué

국가중점대학. 중국(홍콩·마카오 제외)의 대학 가운데 가장 권위 있는 대학으로 국가가 인정한 대학을 말한다. 1959년, 중국인민대학(中国人民大学), 베이징대학(北京大学), 칭화대학(清华大学), 푸단대학(复旦大学), 중국과학기술대학(中国科学技术大学), 베이징공업대학(北京工业大学) 등 20개가 처음으로 '국가중점대학'으로 선정되었으며, 1960년에는 44개 대학을 추가하여 64개로 늘어났다. 1978년 국무원은 88개 대학을 최종으로 국가중점대학으로 지정하였고, 1990년대 제도가 폐지되어 지금은 그 명칭만 남았다.

全国重点大学，是一个历史上的称谓，指中华人民共和国境内并被国家重点支援的大学；在90年代全国高校体制改革后，这一名称不再被官方所使用。 《百度百科》

전국 중점대학은 역사적 명칭으로 중국 내에 국가가 핵심적으로 지원하는 대학을 일컫는다. 90년대 전국 대학 체제 개혁 이후로는 공식적으로 더는 이 명칭을 사용하지 않는다.

211工程 èr yāo yāo gōngchéng

211프로젝트. 중국 정부가 21세기를 대비하여 세계적 수준의 100개 일류대학과 중점 학문 분야를 육성한다는 취지에서 추진하고 있는 프로젝트이다. 211은 21세기와 100개의 학교를 의미하며, 2012년에 전국의 107개 대학이 이 프로젝트의 대상 대학으로 선정되어 정부의 집중적인 지원을 받고 있다.

根据不同211工程大学的办学实力及其在政府心目中地位的不同，112所211工程大学分为8个"档次"。 《中高考快车》2016.11.04.

211프로젝트 대학들의 운영 역량 및 정부가 생각하는 입지가 서로 다름에 따라 112곳의 211프로젝트 대학을 8등급으로 나누었다.

985工程 jiǔ bā wǔ gōngchéng

985프로젝트. 세계 일류 대학 건설을 위해 추진하고 있는 중국의 국가 프로젝트이다. 정식 명칭은 '세계 일류 대학 건설 프로젝트(世界一流大学工程)'이며, '985프로젝트'라는 약칭을 사용하는 것은 이 프로젝트가 1998년 5월에 개시되었기 때문이다.

创建世界一流大学和高水平大学，简称"985工程"，也称"世界一流大学工程"。 《光明网》2016.06.26.

세계 일류 대학과 양질의 대학을 설립하기 위한 프로젝트를 '985프로젝트'라고 약칭하며, '세계 일류 대학 프로젝트'라고도 한다.

교육 정책

一本、二本、三本大学 yì běn、èr běn、sān běn dàxué

1본, 2본, 3본 대학. '本'은 '本科'로 4년제 대학을 뜻한다. '一本大学'는 대입 수험생이 1순위로 지원할 수 있는 대학으로, 전국 유명 대학과 성(省) 중점대학을 포함한다. 전국적으로 약 120여 개 대학이 있다. '二本大学'는 대입 수험생이 2순위로 지원할 수 있는 대학으로, '一本大学'를 제외한 기타 4년제 대학이다. '三本大学'는 3순위로 지원할 수 있는 대학으로, 대개 학비가 비싼 사립대학이 많다. 최근 중국 정부는 2020년부터 대학입시(高考) 시험 과목이 조정되며, 대학은 대입시험 성적과 학업평가시험 성적, 그리고 종합소양평가 등 다양한 자료를 참고해 입학생을 선발하게 된다고 밝혔다.

人们通常所说的"一本、二本、三本", 是指高校在高考招生时的录取批次, 一般来说, 批次越靠后, 录取分数线越低。　《中国教育报》2016.9.13.

사람들이 통상적으로 말하는 '1본, 2본, 3본'은 대학교 신입생 모집 순서를 말한다. 일반적으로 순서가 뒤로 갈수록 입학 가능 점수가 낮다.

베이징대학

칭화대학

裸报 luǒbào

최근 '裸(발가벗다)'를 활용하여 낮은 임금, 비싼 집값, 취직난 등으로 어려운 청년 세대들의 갑갑한 현실을 빗대는 표현이 많이 생겼다. '裸报'는 취업에 실패할까 두려워 무작정 대학원에 지원하는 것을 말한다.

一些"裸报族"由于压力过大或受外界干扰, 最后很容易裸考或弃考。但也有一些裸报族, 由于准备得当, 事半功倍, 最终在考研大军中脱颖而出。　《东北网》2016.04.25.

일부 '뤄바오족(裸报族)'은 지나친 스트레스와 주변의 간섭으로 결국 준비 없이 무작정 시험을 보거나 시험을 포기하는 경우가 있다. 하지만 일부 뤄바오족은 적절한 준비를 통해 적은 노력으로 큰 효과를 보며 대학원 응시자 중 두각을 나타내기도 한다.

| 뉴스 읽기 | 어휘 다지기 | 문장 따라잡기 | 실력 키우기 | 뉴스가 보이는 연관 단어 |

중국의 문화정책

中国不怕韩剧入侵, 文化差异是掣肘

중국은 한국 드라마의 진입이 두렵지 않다, 문화 차이가 걸림돌

연관 단어

외화 제한령, 한류 콘텐츠 금지령, 사전 제작, 동시 제작, 중국 드라마 정책, 황금 시간대

드라마《태양의 후예》는 중국에서 방영 당시 회당 3억뷰, 누적조회 수 21억 뷰를 돌파하며 제2의 한류 열풍을 이끌었다. 한국인의 입장에서 한류는 자랑스러운 사회 현상이지만 영향을 받는 상대 입장에서는 '문화 침략'으로 여겨질 수도 있다. 과거 이영애 주연의《대장금》흥행 이후 중국은 공중파 TV채널에서 한국드라마의 황금 시간대 방영을 금지했고, 인터넷 동영상사이트의 등장 후《별에서 온 그대》가 다시 중국에서 많은 인기를 얻으며 하나의 문화 현상으로까지 발전하자, 중국은 다시 '한외령(限外令)'을 발표하며 외국 드라마 방영에 규제를 가하였다. 이처럼 중국은 끊임없이 진화하는 한국 드라마 콘텐츠에 찬사를 보내면서도 한류 침투에 대한 적극적인 대응책을 마련하고 있다.

STEP 1 뉴스 읽기

中国不怕韩剧入侵，文化差异是掣肘

TRACK 16

还没看过《太阳的后裔》，简直就像被¹全世界抛弃一样。眼下，这部韩剧已经刷爆²朋友圈。除了超高的颜值和精致的制作外，该³剧最特别的地方在于⁴，是首部真正实现中韩同步播出的韩剧。舍弃多年来的"边拍边播"模式，改为"先拍后播"。从目前的效果来看，这种模式似乎迅速被市场接受，利润也相当可观。接下来，还将有更多的韩剧采取这种模式，进一步抢占中国市场。

韩剧重抢中国市场，《太阳的后裔》改变制播方式

2014年年底，广电总局颁布"限外令"，规定视频网站播出引进剧必须遵守"数量限制、内容要求、先审后播、统一登记"四项原则。这意味着，从2015年4月起新出的境外影视剧必须拿到"整季的全片"并配好字幕送审，审核通过、取得引进许可证号后才能上线播出。

受此影响，韩剧的版权费用大幅缩水，韩剧在中国视频网站的占有率也明显下降。为了抢回市场，韩剧不惜放弃一直以来的"边拍边播"模式，改为"成片制作"。这次《太阳的后裔》实现了真正的"中韩同步播出"。

在剧情上，男女主角迅速确定关系，单刀直入的爱情故事更加符合中国观众的观看习惯，能够吸引生活节奏快速、时间碎片化的网友。在题材上，《太阳的后裔》似乎也有意是为中国市场而做出了改编，军旅背景的故事，让宋仲基更具男人味，相比传统韩剧以家庭、职场为背景的邻家欧巴、霸道总裁等更能吸引女性观众舔屏。与此同时，《太阳的后裔》采用了宋仲基、宋慧乔这两位在中韩市场都人气极高的巨星，符合中国观众的追星心理。

合拍、定制、卖版权韩剧全面渗透中国影视业。面对"限外令"的桎梏，韩国一直未曾停止寻求变革突围的脚步，与中国视频网站和影视公司的合作愈发密切。专门为中国市场量身打造的定制剧也应运而生。

中国不怕韩剧入侵，文化差异是掣肘

韩剧大举来袭，精良的制作与精心设计的剧情促使中国的电视剧创作者们不得不直面冲击，边学习人家的长处，边调整思路，不断地去提升自己。与此同时，韩国影视从业者们的"登陆"也并非如想象中顺利。一位国内编剧告诉记者，韩国人现在最弄不明白的就是中国的审查制度。曾经他们一起开会商议一部电视剧项目，其中涉及高中生恋爱的情节，这在韩剧中稀疏平常，但放到中国却是"禁忌"，跟韩国人解释半天原因对方仍然不能完全理解。

中国作协著名编剧汪海林曾经还给韩国编剧讲过课，在他看来，韩国编剧也有些天生的不足，需要训练提高。"目前看直接进入中国市场他们还有困难，不光审查问题，还有文化差异。"他举例道，"男女关系，两国就差异很大。"

一位业内人士认为，韩剧抢滩中国市场虽然在当下掀起了一定的狂潮，但却并不一定能对国产剧市场造成太大的影响。"为什么叫韩流？只能是潮流很难成为主流，毕竟是另外一个文化。看中国电影就知道，虽然好莱坞大片很受追捧，但整体票房还是本国的高，政策上也会更多地保护本国的东西。"

　　剧评人李星文表示，韩剧放弃边拍边播，以成片方式抢占中国市场是在原有通道不太顺畅的情况下，行业内部突围求生的尝试。他觉得，"如果越来越多人加入，影响到原有电视剧的兴旺发达了，可能还会有一些限制性的政策吧。"

《新华网》

STEP 2 어휘 다지기

TRACK 17

掣肘	chèzhǒu	동 방해하다, 제지하다, 제약하다
抛弃	pāoqì	동 버리다, 포기하다
精致	jīngzhì	형 정교하고 치밀하다, 섬세하다
同步	tóngbù	형 동시의, 동시 발생의, 진행 속도를 맞추다
舍弃	shěqì	동 포기하다, 버리다
抢占	qiǎngzhàn	동 불법으로 점유하다, 다투어 점령하다
颁布	bānbù	동 공포하다, 반포하다
视频	shìpín	명 동영상
送审	sòngshěn	동 (상급 기관이나 관련 부처에) 심사 받으러 보내다
审核	shěnhé	동 (자료를) 심사하여 결정하다
许可证	xǔkězhèng	명 허가증
版权	bǎnquán	명 저작권
剧情	jùqíng	명 (영화·연극 등의) 줄거리
单刀直入	dāndāozhírù	성 단도직입적으로 말하다, 직설적으로 말하다
有意	yǒuyì	부 일부러, 고의로
改编	gǎibiān	동 (원작을) 각색하다
霸道	bàdào	형 횡포하다, 포악하다
渗透	shèntòu	동 침투하다, 스며들다
桎梏	zhìgù	명 질곡, 사람의 손발을 묶거나 사물의 발전을 속박하는 것
突围	tūwéi	동 포위망을 뚫다
愈发	yùfā	부 한층 더, 더욱
应运而生	yìngyùn'érshēng	성 시대의 요구에 의해서 나오다
涉及	shèjí	동 관련되다, 연관되다
禁忌	jìnjì	명 금기
掀起	xiānqǐ	동 불러일으키다
狂潮	kuángcháo	명 드높은 기세, 기세가 드높은 국면
顺畅	shùnchàng	형 순조롭다, 원활하다, 막힘이 없다
兴旺	xīngwàng	형 번창하다, 왕성하다, 흥성하다

6 中国不怕韩剧入侵，文化差异是掣肘

STEP 3 문장 따라잡기

1 还没看过《太阳的后裔》，简直就像被全世界抛弃一样。/ 这种模式似乎迅速被市场接受，利润也相当可观。

드라마《태양의 후예》를 아직도 못 봤다면 그야말로 전 세계에서 버림받은 것과 마찬가지이다. / 이런 방식은 시장에서 빠르게 받아들여지고 있고 수익 역시 상당히 높다.

- '被'자 구문은 주어가 어떤 동작이나 행위의 영향으로 인해 받게 된 결과나 변화를 강조한다. 따라서 '부가성분'을 동반하지 않는 동사를 단독으로 쓸 수 없다. 부가성분으로 조사 '了' '过' 및 각종 보어가 올 수 있다.

(1) 주어+被+목적어+술어+了/过

先拍后播的模式迅速被市场接受了。 사전 제작 방식은 시장에서 빠르게 받아들여졌다.

这么大的蛋糕被小王吃了。 이렇게 큰 케이크를 샤오왕이 먹었다.

因迟到我被老师批评过。 지각해서 나는 선생님께 혼난 적이 있다.

(2) 주어+被+목적어+술어+보어

一个月的工资被哥哥花光了。 [결과보어] 한 달 월급을 형이 다 써버렸다.

保密事件被他传出去了。 [방향보어] 비밀 사건은 그에 의해 발설되었다.

这件事已被社长说得很清楚了。 [상태보어] 이 일은 이미 사장이 분명하게 말했다.

看惊险片时我被那一幕吓了一跳。 [동량보어] 공포영화를 보면서 무서운 장면에 깜짝 놀랐다.

'被'와 '让' '叫' 비교

① '让' '叫'도 '被'처럼 피동구문을 만드는데, 주로 구어에서 쓰인다.

我的书让智妍借去了。 내 책을 지연이가 빌려 갔다.

我的自行车叫洪吉东修好了。 내 자전거를 홍길동이 수리해주었다.

② '被' 뒤에 오는 행위주체는 생략할 수 있지만, '让' '叫' 뒤에 오는 행위주체는 생략할 수 없다.

景德镇瓷器被打碎了。(○) 징더전 도자기가 깨졌다.

景德镇瓷器叫打破了。(×)

景德镇瓷器叫孝贞给打破了。(○) 징더전 도자기는 효정이가 깼다.

她的新衣服被染黑了。(○) 그녀의 새 옷이 검게 물들었다.

她的新衣服让染黑了。(×)

她的新衣服让她儿子染黑了。(○) 그녀의 새 옷을 아들이 검게 물들였다.

2 眼下，这部韩剧已经**刷爆**朋友圈。
요즘 웨이신 모멘트가 이 한국 드라마로 도배되고 있다.

- '刷爆'는 최근 1인 1 스마트폰 시대가 도래하면서 나타난 신조어, '(웨이신 등의 채팅창에 올라온 광고나 글이 너무 많아) 채팅창이 폭발할 지경이다' '채팅창을 도배하다'라는 뜻으로 사용되고 있다.

  北京获得2022年冬奥会举办权的消息已经刷爆朋友圈。
  베이징이 2022년 동계올림픽 개최권을 획득했다는 소식은 이미 웨이신 모멘트를 도배했다.

  我朋友是GD的粉丝，她总是把GD的照片刷爆朋友圈。
  내 친구는 GD의 팬이어서 항상 GD의 사진으로 웨이신 모멘트를 도배한다.

  这消息已经刷爆学生家长和校友们的朋友圈。
  이 소식이 학생, 학부모, 동문들의 웨이신 모멘트를 도배했다.

3 **该**剧最特别的地方在于，是首部真正实现中韩同步播出的韩剧。
한국과 중국에서 동시 방영된 최초의 한국 드라마라는 것이 이 드라마의 특별한 점이다.

- 대사 '该'는 '이' '그' '저'라는 의미로, 앞에서 언급한 사람이나 사물, 장소를 가리킨다. '这'의 서면어이다.

  首尔是韩国的首都，该地交通方便。[该: 장소]
  서울은 한국의 수도로, 이곳은 교통이 편리하다.

  智恩是韩国大学的学生，该生品学兼优。[该: 사람]
  지은이는 한국대학 학생이다. 이 학생은 품행과 학업이 모두 우수하다.

  《太阳的后裔》是中韩同步播出的韩剧，该剧很受欢迎。[该: 사물]
  《태양의 후예》는 한국과 중국에서 동시 방영된 한국 드라마이다. 이 드라마는 많은 사랑을 받았다.

  서면어에 자주 쓰이는 1인칭, 2인칭, 3인칭 표현을 살펴보자.

1인칭	本 상대방에게 자기 쪽을 지칭할 때	本公司，本校，本国，本单位
2인칭	贵 상대방을 지칭할 때	贵公司，贵校，贵国，贵单位
3인칭	该 이, 그, 저	该公司，该校，该地区，该单位

- 조동사 '该'는 '(마땅히) ~해야 한다' '~하는 것이 당연하다'라는 뜻이다.

    你怎么现在才说啊！你该早点儿告诉我嘛！왜 이제 얘기해! 나한테 진작 얘기했어야지!

    我不知道该怎么开口才好。어떻게 말씀드려야 할지 모르겠어요.

    这事你早就该办了。이 일은 네가 벌써 처리했어야 한다.

- 조동사 '该'는 또한 '아마 ~일 것이다' '~해야 할 것이다'라는 의미로, 이치·경험에 비추어 볼 때 유추 가능한 결과를 나타내기도 한다. 감탄어구에서 어기를 강조할 수도 있다.

    下午五点了这班飞机该到了。오후 다섯 시가 되었으니 이번 비행기가 도착할 거야.

    你们赶了这么多路，该饿了吧。너희들 이렇게 먼 길을 왔으니, 배고프지?

    天快黑了，我该走了。날이 곧 어두워질 테니, 나는 가야겠다.

    今天我们又能在这儿见面，该是多么叫人高兴的事啊！
    오늘 여기서 다시 만나게 되니 얼마나 즐거운 일인가!

- 동사 '该'는 '~의 차례이다'라는 뜻이다.

    现在该中国队发球。이제 중국팀이 서브를 넣을 차례이다.

    今天晚上该你值班了。오늘 저녁은 네가 당직을 설 차례이다.

    我们按原则办，该你你就干，该我我就干。우리 원칙대로 하자. 네 차례면 네가 하고, 내 차례면 내가 할게.

> **4** 该剧最特别的地方在于，是首部真正实现中韩同步播出的韩剧。
> 한국과 중국에서 동시 방영된 최초의 한국 드라마라는 것이 이 드라마의 특별한 점이다.

- 동사 '在于'는 '~에 있다'라는 뜻으로, 사물의 본질이 있는 곳을 가리킨다. 이때 '就是'와 같은 의미이다.

    计划不错，问题在于不够深入。계획은 괜찮았으나 문제는 철저하지 못한 데 있다.

    一年之计在于春，一日之计在于晨。한 해의 계획은 봄에 있고, 하루의 계획은 아침에 있다.

    金钱的价值不在于拥有它，而在于使用它。
    돈의 가치는 그것을 소유하는 데 있는 것이 아니라 그것을 사용하는 데 있다.

- '~에 달려 있다'라는 뜻으로도 쓰이는데, 이때는 사물의 관건이 되는 것을 가리키며 '决定于'와 같은 의미이다.

    成败在于刻苦努力。성패는 각고의 노력에 달려 있다.

    幸福不在于你是谁或者你拥有什么，而仅仅取决于你的心态。
    행복은 당신이 누구인지, 무엇을 가졌는지에 있지 않다. 그것은 당신의 마음에 달려 있을 뿐이다.

STEP 4 실력 키우기

1 문장에서 '被'가 들어갈 알맞은 위치를 고르시오.

1. (A)今天我(B)上学时，(C)一辆开过来的汽车(D)撞伤了。

2. 今年8月(A)他(B)北京大学(C)中文系(D)录取了。

3. 今天晚上(A)我下班时，(B)我的提包(C)小偷(D)偷走了。

4. 因多次(A)犯错误，她(B)公司(C)解雇(D)了。

5. (A)我急急忙忙(B)赶路，(C)不小心(D)香蕉皮滑倒了。

6. 他(A)不小心，(B)一块玻璃(C)打碎(D)了。

7. 他通过(A)国家统一的成人高考，(B)高校(C)录取(D)了。

8. 许多(A)新的工艺，(B)首先在科学(C)实验室里(D)创造出来。

2 제시어를 사용하여 작문하시오.

被 / 叫 / 让

1. 내 제안을 모두가 받아주었다.
   →

2. 내가 새로 산 가방을 그가 잃어버렸다.
   →

3. 낙후된 기술은 곧 새로운 기술로 대체될 것이다.
   →

4. 그는 나의 한마디에 즐거워 하하 소리내어 크게 웃었다.
   →

5. 그는 이 문장을 잘못 읽었다.
   →

6. 다른 사람이 그의 차를 몰고 갔다.
   →

7. 내가 열쇠를 찾아냈다.
   →

8. 샤오왕은 그 환자를 병원으로 보냈다.
   →

9. 그녀의 모자가 길에 떨어져 바람에 날아갔다.
   →

10. 그 책은 누가 빌려 갔다.
    →

3 다음 문장에서 '该'의 용법을 파악하고 해석하시오.

1. 快走吧，晚了她该着急了。
   →

2. 这个电影太好了，你真该去看看。
   →

3. 咦，该不是走错了路吧。
   →

4. 该建筑建于1900-1901年间。
   →

5. 晚上九点了，这趟火车该到了。
   →

6. 这是他写的第一部小说，目前该书已出版。
   →

7. 我说完了，该你了。
   →

4 다음 문장에서 '在于'가 보기 중 어느 뜻에 해당하는지 고르시오.

보기	就是　　决定于

1. 电视剧的生命在于内容。　　→ _____
2. 成功的关键在于对自己的信念。　　→ _____
3. 根本错误在于你。　　→ _____
4. 快乐首先在于幸福。　　→ _____
5. 思想的生命力在于冒险。　　→ _____
6. 胜利的原因在于团结。　　→ _____
7. 那生意成不成, 不在于朋友关系好不好。　　→ _____
8. 苗条的身材在于锻炼。　　→ _____
9. 教育在于发展健全的个性。　　→ _____
10. 根本原因在于教育落后。　　→ _____

5 다음 지문을 읽고 제시된 내용 중 틀린 문장을 고르시오.

　　限外令要全片过审, 部分韩剧不再边拍边播。2015年1月21号, 中国新闻出版广电总局办公厅印发《开展网上境外影视剧信息申报登记工作的通知》, 通知文件对于诸如境外影视剧的网上申请流程、条件、时间、数量等等都做了很明确的规定及要求, 文件中指出境外剧播出量不得超过网站国产剧播放总量的30%。按照《通知》规定, 视频网站播出引进剧必须遵守"数量限制、内容要求、先审后播、统一登记"四项原则。新上线的境外影视剧必须拿到"整集的全片"并配好字幕送审, 审核通过后, 取得引进许可证号才能上线播出。由此, 境外影视剧告别"无证播放"年代, 视频网站同步更新、网络用户边播边看的模式也受到巨大冲击。

　　作为网络追剧热门对象的韩剧, 在此次变革下受到诸多影响。随着中韩两国上线时间不再同步, 韩剧的版权费用与之前相比有所下降, 今年韩剧在视频网站中占比明显缩水。在看韩剧也要有"时差"的现状下, 韩剧也相应做出了调整, 部分韩剧不再采用边拍边播的方式, 将以成片方式进入中国。

1. ①《通知》是国家新闻出版广电总局发布的。
   ②《通知》对于国外影视剧的网上申请顺序、条件、时间、地点等都做了明确的规定要求。
   ③《通知》不允许国外剧播出量超过国产剧播放总量的30%。
   ④《通知》规定视频网站播出引进剧必须遵守四项原则。

2. ①《通知》规定的四项原则是遵守"数量限制、内容要求、先送审后播出、统一登记"。
   ②《通知》公布后网络用户边播边看的模式也受到巨大冲击。
   ③《通知》规定新上线的境外影视剧必须拿到整集的全片,并配好音后才能送审。
   ④ "限外令"的实施对韩剧有很多方面的影响。

6 다음 주제에 대하여 중국어로 토론하시오.

你如何对待韩流和汉风?我们如何开展韩中艺术文化交流?你看过哪些中国电视连续剧和电影?你喜欢哪一部?为什么?

뉴스가 보이는 연관 단어

방송미디어

TRACK 18

限外令 xiànwàilìng

외화 제한령. 2014년 말, 영화, TV, 라디오 산업 등을 관리·감독하는 중국국무원 직속 부처인 국가신문출판광전총국(国家新闻出版广电总局, 약칭하여 광전총국)은 '외국 드라마 관리 규정'을 발표했다. 이는 인터넷에서 외국 영화·드라마를 방영할 때 반드시 '편수 제한, 콘텐츠 내용 검수, 선 심의 후 방영, 영상물 동시 게재'라는 네 가지 원칙을 준수해야 한다는 내용이다.

自2015年，广电总局实施"限外令"，对于海外剧的引进明文规定视频网站买到的境外内容必须持证上岗，美剧迷、韩剧迷等不能在第一时间同步追看境外热门大剧。

《未来网》2016.02.16.

2015년부터 광전총국이 '외화 제한령'을 실행함에 따라 해외드라마 수입에 대한 명확한 규제가 생겼다. 동영상 사이트가 판권 수입한 해외 콘텐츠는 반드시 허가를 받아야만 방영할 수 있으며, 이에 미국 드라마, 한국 드라마 팬들은 실시간으로 해외 인기 드라마를 시청할 수 없게 되었다.

限韩令 xiànhánlìng

한류 콘텐츠 금지령. 공식 인정하지는 않았으나 중국 정부가 한류 콘텐츠의 중국 내 유통을 제한하는 '限韩令'을 내려 한류 전반에 대한 제재의 강도를 높일 것이라는 내용이 최근 언론 보도되었다. '한국 연예인들의 중국 활동 제한' '한국 연예인의 1만 명 이상 공연 금지' '한국문화사업회사에 투자 금지' '한중 합작 금지' 등의 내용이 포함된 것으로 알려졌다.

近日有关"限韩令"的消息频频传出，"限韩令"全面升级的话题引发广泛关注。

《第一白银网》2016.11.22.

최근 '한류 콘텐츠 금지령' 관련 소식이 거듭 전해지며, 이에 대해 확산된 화제가 널리 관심을 끌고 있다.

先拍后播 xiānpāihòubō

사전 제작. 드라마 촬영 시 전편을 다 촬영한 뒤에 방송하는 제작 방식이다. 2015년 4월 이후, 중국의 '외화 제한령'에 따라 중국진출 시 모든 드라마는 반드시 사전 제작으로 진행되어야 한다.

韩剧《太阳的后裔》作为近些年第一部先拍后播的韩剧，在2月24日以中韩同步播出的形式与观众见面后，在中韩两国都引发热议。

《界面新闻》2016.03.08.

한국드라마 《태양의 후예》는 최근 첫 번째로 사전 제작된 한국 드라마이다. 2월 24일 한국과 중국에서 동시 방영하는 방법으로 시청자들과 만나며 양국에서 뜨거운 반응을 얻었다.

방송미디어

边拍边播 biānpāibiānbō

동시 제작. '一边拍一边播'의 뜻으로, 촬영하면서 동시에 방송하는 제작 방식을 말한다. '先拍后播'와 대비되는 용어이다.

 据韩国《亚洲经济》报道，部分韩剧将不再采用"边拍边播"的方式，而将以成片方式进入中国影视剧市场。
《新京报》2015.09.21.

한국 〈아시아 경제〉 보도에 따르면 일부 한국드라마는 더 이상 동시 제작 방식을 채택하지 않을 것이며, 제작을 마친 후에 중국 영상 시장에 진입할 전망이다.

一剧两星 yíjùliǎngxīng

광전총국(广电总局)에서 2015년부터 실시하고 있는 드라마 정책으로, 저녁 황금 시간대(19시~22시)에 같은 드라마를 방송할 수 있는 채널을 위성채널 두 개로 한정하며, 한 번에 2회까지만 방송할 수 있도록 제한하는 정책이다.

自2015年1月1日起，国家新闻出版广电总局对卫视综合频道黄金时段电视剧播出方式进行调整，"一剧两星"的政策开始实施。
《人民网》2016.02.06.

2015년 1월 1일부터 국가신문출판광전총국은 위성종합 채널 황금 시간대 드라마 방송 편성을 조정했다. 두 채널에서만 동시 방영 가능하며 최대 2회까지 연속 방송을 제한하는 정책을 실시했다.

黄金时段 huángjīn shíduàn

(방송국의) 프라임 타임, 황금 시간대

该知情人士称，由朴海镇主演的电视剧《恋爱相对论》已于昨日(4日)在中国四川卫视黄金时段播出。
《国际在线娱乐》2016.10.05.

관련 인사에 따르면, 박해진이 주연한 드라마 《연애상대론》이 어제(4일) 중국 쓰촨 위성 채널 황금 시간대에 방영되었다.

중국의 경제

未来五年中国经济的五大趋势

향후 5년, 중국 경제의 5대 발전 동향

연관 단어

뉴노멀, 일대일로, 경제 성장률 6%대 유지, 하이 레버리지, 선강통, 창커

세계 2위 경제 대국 중국은 두 마리 토끼를 쫓고 있다. 경제 성장과 구조개혁의 병행 전략이다. 시진핑이 강조한 성장엔진 변화에도 성과를 거두고 있다. 국민 소비지출이 경제 성장에 차지하는 비율이 73.4%에 이르는 반면, 나머지 무역이 차지하는 비중이 점차 줄어들고 있다. 이제 중국 경제는 수출이 아닌 자국 내수시장에 기대어 성장하는 구조가 된 셈이다.

중국 경제의 향후 5년은 신구 경제의 교체 단계가 될 것이다. 전반기에는 구 경제 쇠퇴의 부담이 크지만, 후반기에는 새로운 경제가 성장하기 시작하면서 안정 단계에 진입하는 것이다. 본문에서 향후 중국 경제의 5대 발전 동향에 대해 자세히 살펴보자.

STEP 1 뉴스 읽기

未来五年中国经济的五大趋势

TRACK 19

未来五年中国经济的五大趋势是利率水平将维持在较低水平、新城镇化、资产轻化、债务国有化和人民币国际化。在[1]中国发展高层论坛2016年会"中国未来五年大趋势—财新发布会"上，财新智库莫尼塔董事长兼首席经济学家沈明高称，中国经济未来五年有可能处在新旧经济交替的过程当中，前半段旧经济下行压力较大，下半段新经济开始成长，可能进入企稳阶段。今年2月新经济在经济中的占比为31.9%，接近三分之一，这部分经济增长速度维持在两位数。同时，还有三分之一旧经济处在衰退中，包括制造业上游的大宗商品原材料资源类行业、房地产和出口；三分之一的经济处于个位数增长。

"这是中国经济结构转型非常正常的现象。"沈明高表示，中国经济企稳有两种情况，一是旧经济调整结束，二是新经济成长一定规模足以抵消旧经济的放慢。从这个角度看，中国经济未来五年有可能处在新旧经济交替的过程当中，前半段旧经济下行压力较大，下半段新经济开始成长，可能进入企稳阶段。

沈明高认为[2]，未来五年会出现五大趋势。

第一，利率水平保持在较低水平。目前旧经济调整快于[3]新经济的增长，经济面临通缩压力，利率水平还有下行空间。尽管[4]名义利率较低，但是企业、政府面临的实际利率较高，加上面临的违约压力和风险，以风险定价为基础的有风险的利率水平也比较高。他预计，直到新经济足以起到稳定经济增长的作用时，才有加息的可能，这要到未来五年的下半段才可能出现。

第二，新城镇化趋势。政府工作报告提出未来五年中国有1亿农民工在城市定居。城市化的过程本身就是投资增长的过程，如果城镇化能够启动，中国投资增长不会硬着陆，GDP也不会硬着陆。

第三，资产轻化。过去30多年里，中国企业和政府都是高杠杆重资产。随着未来实际资金成本提高，资产价格上升空间有限，高杠杆重资产可能会面临流动性风险，可能会面临破产风险。

"资产轻化就是去资产，通过资产证券化等等其他形式将一部分国有资产转化为市场资产，转化为企业个人的资产。"沈明高认为，这既可以为政府筹集资金用于转型，也增加了老百姓的投资机会。

중국 경제의 향후 5년은 신구 경제의 교체 과정일 것이다.

第四，债务国有化。沈明高认为，去杠杆在未来五年内要实现困难非常大，最大的可能是杠杆转移，从地方政府转移到中央政府，从企业转移到政府，也有一部分会转移到老百姓的身上。

第五，人民币国际化。沈明高称，人民币国际化将先退后进，短期内人民币贬值预期比较明显，最终决定人民币企稳的重要指标是中国经济企稳。人民币国际化是"一带一路"的核心策略。"一带一路"未来很大可能以人民币计价，或逐步增加人民币计价的比重。

《财新网》

STEP 2 어휘 다지기

TRACK 20

城镇化	chéngzhènhuà	도시화
债务	zhàiwù	몡 채무
智库	zhìkù	두뇌집단, 싱크탱크(think tank)
莫尼塔	Mònítǎ	고유 모니타 투자 발전 유한공사 [기업명]
董事长	dǒngshìzhǎng	몡 대표이사, 회장, 이사장
交替	jiāotì	동 교체하다, 교대하다
企稳	qǐwěn	동 안정되다, 안정시키다
阶段	jiēduàn	몡 단계, 계단
转型	zhuǎnxíng	동 (사회 경제 구조·문화 형태·가치관 등을) 전환하다
足以	zúyǐ	부 충분히 ~할 수 있다, ~하기에 족하다
抵消	dǐxiāo	동 상쇄하다, 중화하다
放慢	fàngmàn	동 (속도를) 늦추다
通缩	tōngsuō	디플레이션 ['通货紧缩'의 약칭]
违约	wéiyuē	동 위약하다, 계약을 위반하다
风险	fēngxiǎn	몡 위험, 모험
加息	jiāxī	몡 부가이자
启动	qǐdòng	동 (법령이나 장기적인 계획·방안 등을) 시작하다, 시행하다
硬着陆	yìngzhuólù	동 경착륙하다
高杠杆	gāogànggǎn	하이 레버리지
证券	zhèngquàn	몡 (유가) 증권
筹集	chóují	동 대책을 세워 조달하다, 마련하다
贬值	biǎnzhí	동 (화폐 가치가) 평가 절하되다, 가치가 하락하다

7 未来五年中国经济的五大趋势

STEP 3 문장 따라잡기

1 在中国发展高层论坛2016年会"中国未来五年大趋势—财新发布会"上，财新智库莫尼塔董事长兼首席经济学家沈明高称，中国经济未来五年有可能处在新旧经济交替的过程当中。

중국 경제발전 고위급 포럼(2016) 〈중국 미래 5년 발전 동향: 차이신(财新) 브리핑〉에서 '차이신'의 전문가 집단인 모니타(莫尼塔) 대표이사 겸 수석 경제학자 선밍가오(沈明高)는 중국 경제의 향후 5년은 신구 경제의 교체 과정일 것이라고 전망했다.

- 방위사 '上' '中' '下'는 개사 '在'와 결합하여 '在……上' '在……中' '在……下' 구문을 이루어 '~에(서)' '~에 있어서'라는 뜻을 나타낸다. 예를 들면, '在市场上' '在口袋中' '在桥下' 등이 있다. 경우에 따라 이들은 실제 장소를 나타내지 않고 다음과 같은 파생용법으로 쓰이기도 한다.

- '在……上'은 주로 범위나 방면을 나타낸다.

  十多年来中国在对外贸易上取得了巨大成就。
  십여 년 동안 중국은 대외무역 분야에서 괄목할만한 성과를 거두었다.

  王老师在翻译技巧上大有讲究。 왕 선생님은 번역 기교에 대해 많은 연구를 했다.

- '在……中'은 주로 범위나 과정을 나타낸다.

  在流行语中倾听时代的心跳声。 유행어에서 시대의 심장박동 소리를 듣다.

  双方在会谈中友好地交换了看法。 양측은 회담 과정에서 우호적으로 의견을 교환했다.

- '在……下'는 주로 조건을 나타낸다.

  在部长的带动下我们圆满地完成了任务。 부장님의 인솔 아래 우리들은 원만하게 임무를 완성하였다.

  小明在哥哥的影响下爱上了文学。 샤오밍은 형의 영향으로 문학을 좋아하게 되었다.

2 沈明高认为，未来五年会出现五大趋势。

선밍가오는 향후 5년, 중국 경제의 5대 동향을 전망했다.

- 동사 '认为'와 '以为'는 '~라고 여기다' '~라고 생각하다'라는 뜻으로, 사람이나 사물에 대한 관점, 태도와 판단을 나타낸다는 공통점이 있지만 용법에는 차이가 있다.

- '以为'는 '认为'보다 어기가 비교적 가벼우며, 주관적인 생각, 느낌 또는 추론과 사실이 부합하지 않을 경우에 쓴다. '认为'는 객관적, 전문적인 판단이나 견해를 나타낼 때 주로 쓰이며, 어기가 비교적 정중하다.

我以为这种颜色的衣服比较大方。 나는 이런 색깔의 옷이 비교적 점잖다고 생각한다.

我们认为中国未来经济贸易市场前程似锦。
우리는 향후 중국 경제무역 시장이 전도 양양하다고 생각한다.

我以为今天不会下雨。 나는 오늘 비가 안 올 줄 알았다. [비가 옴]

我认为今天不会下雨。 내 생각에 오늘은 비가 안 올 것이다.

- '认为' 앞에는 '被'만 쓸 수 있고, '以为' 앞에는 '让'만 쓸 수 있다.

  桂林被认为是最美的城市。 구이린은 가장 아름다운 도시로 여겨진다.

  她的态度让别人以为没礼貌。 그녀의 태도는 다른 사람으로 하여금 예의가 없다고 여기게 한다.

3　目前旧经济调整快于新经济的增长。

현재 구경제의 조정 속도는 신경제의 성장 속도보다 빠르다.

- 개사 '于'는 '~보다'라는 뜻으로 비교를 나타낸다. '형용사+于+목적어'는 '목적어보다 ~(형용사)하다'라는 의미이다.

  目前物价上涨速度快于工资的增长速度。 현재 물가 상승 속도가 월급 인상 속도보다 빠르다.

  那家公司的利润水平正以快于一般公司3倍的速度增长。
  그 회사의 수익이 다른 회사보다 4배 빨리 증가하고 있다. [*3倍=4배, 10과 참고]

  冬天北京的气温低于首尔。 겨울에 베이징의 기온은 서울보다 낮다.

4　尽管名义利率较低，但是企业、政府面临的实际利率较高。

공개 금리가 낮다 하더라도, 기업과 정부가 직면하는 실제 금리는 비교적 높다.

- 접속사 '尽管'은 '비록 ~라 하더라도' '~에도 불구하고'라는 뜻으로, 복문의 앞 절에 쓰여 전환관계를 나타낸다. 뒤 절에 '但是' '可是' '然而' '也' '还是' '仍然' '却' 등이 와서 호응한다. '可' '却' 등이 함께 쓰이면 전환의 뜻이 더욱 강조된다.

  尽管我有很多不足之处，也请大家多多关照。 부족한 점이 많더라도 너그럽게 봐주십시오.

  她尽管身体不好，可是仍然坚持工作。 그녀는 몸이 좋지 않은데도 여전히 일을 계속하고 있다.

  尽管跟他谈了半天，他还是想不通。 그와 한참 동안 이야기했는데도 그는 여전히 이해하지 못했다.

  尽管大家都赞扬这部影片，然而个人的侧重点却不尽相同。
  모든 사람이 이 영화를 높이 평가하지만, 사람마다 중요하게 생각하는 점은 다르다.

STEP 4 실력 키우기

1 밑줄 친 부분에 들어갈 알맞은 단어를 보기에서 선택하시오.

> 보기   A 在……上   B 在……中   C 在……下

1. ____同学们的鼓励____她报名参加了歌咏比赛。
2. 大家____讨论____发现了一些新的问题。
3. 她____穿戴____十分讲究。
4. ____李老师的启发____，大家终于弄明白了这道难题。
5. 我们____学习____互相帮助。
6. 年轻一代是____生产劳动和社会生活实践____接受长辈的教育。
7. 每一社会的教育总是____先前社会教育的基础____建立起来的。
8. ____时代的画卷____，书写下多彩的中国。
9. ____我的印象____她是个非常善良的人。
10. ____工作____遇到困难要多向有经验的人请教。

2 보기에서 알맞은 단어를 찾아 괄호를 채우시오.

> 보기   认为   以为

1. 我们(   )"一带一路"的政策有利于中国与周边国的共同发展。
2. 大家都(   )你做这件事情不合适。
3. 我(   )自己是对的，结果还是错了。
4. 背生词被学生们(   )是一项必不可少的学外语的方法。
5. 我(   )有人敲门，其实不是。
6. 我(   )中国电影市场前程似锦。

7. 人们(　　　　)，中国的崛起会产生巨大的经济影响，但不会带来什么政治和文化影响。

8. 中国电影界(　　　　)中国电影一定会迎来黄金十年。

9. 我(　　　　)弟弟已经上班了，其实他还在睡觉呢。

10. 他满(　　　　)这次能见到她，谁知又扑了空。

3 제시어를 사용하여 작문하시오.

尽管

1. ＿＿＿＿＿＿＿＿＿＿＿＿＿＿＿，但是今天特意来看你了。

2. ＿＿＿＿＿＿＿＿＿＿＿＿＿＿＿，但是他仍然固执己见。

3. ＿＿＿＿＿＿＿＿＿＿＿＿＿＿＿，还是不能很快地提高人民的生活水平。

4. ＿＿＿＿＿＿＿＿＿＿＿＿＿＿＿，却还是坚持工作。

5. ＿＿＿＿＿＿＿＿＿＿＿＿＿＿＿，还是阻止不了她。

6. ＿＿＿＿＿＿＿＿＿＿＿＿＿＿＿，但终究还是泡汤了。

7. ＿＿＿＿＿＿＿＿＿＿＿＿＿＿＿，但这件事还是不容易解决的。

형용사+于

8. 상하이의 인구는 광저우보다 많다.
   →

9. 실내 온도를 25도보다 낮지 않게 하는 것이 좋다.
   →

10. 예방하는 것이 치료하는 것보다 중요함을 기억해야 한다.
    →

11. 올해 5월의 평균 기온은 작년보다 높다.
    →_____

12. 올해 베이징시 생산총액은 동기 대비 7.8% 증가하여, 전국 평균 수준보다 높다.
    →_____

4 다음 지문을 읽고 제시된 내용 중 틀린 문장을 고르시오.

> 　　中国经济新常态就是经济结构的对称态，在经济结构对称态基础上的经济可持续发展，包括经济可持续稳增长。新常态之"新"，意味着不同以往；新常态之"常"，意味着相对稳定，主要表现为经济增长速度适宜、结构优化、社会和谐；转入新常态，意味着我国经济发展的条件和环境已经或即将发生诸多重大转变，经济增长将与过去30多年10%左右的高速度基本告别，与传统的不平衡、不协调、不可持续的粗放增长模式基本告别。
>
> 　　因此，新常态绝不只是增速降了几个百分点，转向"新常态"也不会只是一年两年的调整。认识不到新常态下的新趋势、新特征、新动力，不仅难以适应新常态，更难以把握经济工作的主动权。

1. ① 中国经济新常态就是在对称态基础上的经济持续稳增长。
   ② 新常态之"新"，意味着和以前不一样。
   ③ 新常态之"常"，意味着经济"正常"。
   ④ 转入新常态，意味着中国经济发展的条件和环境将发生重大改变。

2. ① 中国经济30多年以10%左右的高速度增长，以后基本不会有这种高速增长了。
   ② 过去中国经济的不平衡、不协调、不可持续的粗放增长模式就要结束了。
   ③ 新常态不是增速降了几个百分点，转向"新常态"也需要一年两年的调整。
   ④ 认识到新常态下的新趋势，就能把握经济工作的主动权。

5 다음 주제에 대하여 중국어로 토론하시오.

未来五年中国经济的发展趋势如何？你对中国经济新常态有什么见解？你认为"一带一路"政策对韩国经济有什么影响？

뉴스가 보이는 연관 단어

경제 용어 1

TRACK 21

新常态 xīnchángtài

중국 경제의 '새로운 상태'를 나타내는 말. 중국 경제가 개혁·개방 이후 30여 년간 지속된 고속 성장기를 끝내고, 성장 속도를 조절하여 조화, 균형, 지속 성장이 가능한 안정적인 단계에 들어섰다는 것을 의미한다. 이는 고효율, 저비용, 지속 가능한 중·고속 성장단계로, 뉴노멀(New normal)이라고도 한다.

现今中国的经济发展进入新常态，从高速发展转为中高速发展。　　《东方今报》2016.10.25.

현재 중국 경제는 뉴노멀에 진입하여 고속 발전에서 중고속 발전으로 전환하고 있다.

一带一路 yídàiyílù

일대일로. 중국 정부의 '21세기 육상·해상 新실크로드 전략'이다. 일대일로의 '일대(一带)'는 중국과 중앙아시아, 유럽을 연결하는 '실크로드경제권(丝绸之路经济带)'을, '일로(一路)'는 아세안(ASEAN) 국가들과의 해상 협력을 기초로 동남아시아에서 출발해 서남아시아를 거쳐 유럽과 아프리카까지 이어지는 '21세기 해양 실크로드(21世纪海上丝绸之路)'를 뜻한다. 시진핑 중국 국가주석이 2013년 중앙아시아 및 동남아시아 순방에서 처음 제시한 전략으로, 주변국과의 협력을 통한 중국 경제발전 도약과 중국 중심의 새로운 경제 질서 구축이라는 목적을 갖고 있다.

"一带一路"是我国的重点发展战略，在推动"一带一路"过程中，计划建成中蒙俄经济走廊、中巴经济走廊、中国—中南半岛经济走廊以及新亚欧大陆桥经济走廊等6条经济走廊。

《金融时报》2016.10.26.

일대일로는 중국의 중점 발전 전략이다. 일대일로 추진 과정에는 중국·몽고·러시아, 중국·파키스탄, 중국·인도차이나 반도 및 아시아·유럽 지역을 잇는 6개의 경제회랑(Economic Corridor) 건설 계획이 포함되어 있다.

保六 bǎoliù

2016~2020년 향후 5년간 경제 성장률을 6%대(최저 6.5%)로 유지하겠다는 중국 정부의 의지 및 경제목표. 중국공산당 18회 5중 전회에서 사회번영을 위한 중국의 향후 5년의 평균 경제성장률이 6.53%라고 발표하며, 리커창 총리가 성장률이 6.5% 이하로 내려가지 않도록 주력하겠다고 발표한 것에서 유래한다.

国务院力促工业稳增长、调结构，今年工业增速"保六"无忧。　《中国刀具商务网》2015.11.10.

국무원은 산업의 안정적인 성장과 구조조정을 추진하였으며, 금년도 공업 성장률 '6% 유지'는 걱정 없다.

경제 용어 1

高杠杆 gāogànggǎn

하이 레버리지(high leverage). '杠杆'은 차입금 등 다른 사람의 자본을 지렛대처럼 이용하여 자금 조달 효과를 가져오는 것을 말한다. 타인 자본의 비용이 많을수록 재무상에서 레버리지의 수준이 높다.

当前中国经济的高杠杆问题已经引起普遍的关注，大家讨论中国经济风险，几乎三句话不离高杠杆。
《东方网》 2016.10.21.

현재 중국 경제의 하이 레버리지 문제는 이미 보편적인 관심을 모으고 있다. 사람들이 중국 경제 리스크에 대해 언급할 때면 꼭 하이 레버리지가 등장한다.

深港通 shēngǎngtōng

선전(深圳) 증권거래소와 홍콩(香港) 증권거래소 간 교차 거래를 허용하는 제도. 선전의 '深', 홍콩의 '港', '통하다'의 '通'이 합쳐진 용어이다. 이로써 중국 본토와 해외 개인투자자가 별도의 라이센스 없이 교차거래를 통해 중국 본토와 홍콩에 투자할 수 있게 되었다.

深港通，是党中央、国务院对资本市场改革开放的又一重大部署，实现内地与香港金融市场的进一步互联互通，标志着我国资本市场在国际化和市场化方向上又迈出了坚实一步。
《证券导报》 2016.10.27.

'선강통'은 중국공산당 중앙위원회와 국무원이 자본 시장 개혁개방을 위해 내린 또 하나의 중대한 결정이다. 이는 대륙과 홍콩 금융시장 간 교류를 강화하고, 중국 자본 시장이 세계화 및 시장화에 한층 더 다가갔음을 의미한다.

创客 chuàngkè

기술을 기반으로 한 혁신적인 창업 아이템을 내놓는 창업자들을 가리키는 신조어로, 영어 'Maker'의 중국식 표현이다.

创新没有界限，创业已是潮流，创客无处不在。无庸置疑，这是年轻人创业的最好时代。从2014年首次提出"大众创业，万众创新"，到2015年写入政府工作报告，"双创"已经成为最热词汇。
《中国网》 2016.10.19.

혁신은 한계가 없고, 창업은 시대의 흐름이다. 창업자는 어디에서나 볼 수 있다. 의심할 여지 없이 지금은 젊은이들이 창업하기 가장 좋은 시기다. 2014년 '대중창업, 만중창신(창업을 장려하는 중국의 정책 슬로건)'이 처음 등장할 때부터 2015년 정부 업무 보고에 포함되기까지 '창업과 혁신'은 핫 키워드가 되었다.

| 뉴스 읽기 | 어휘 다지기 | 문장 따라잡기 | 실력 키우기 | 뉴스가 보이는 연관 단어 |

중국의 정치

8

中共怎样选拔党政领导干部

중국공산당 지도간부를 어떻게 선발하는가?

연관 단어

양회, 전국인민대표대회, 중국인민정치협상회의, 중국공산당 중앙위원회, 중앙정치국, 중앙정치국 상무위원회, 중국공산당

1921년 7월 1일 창당된 중국공산당은 1949년 10월 1일 중화인민공화국 탄생과 함께 거의 70년간 중국 집권당의 자리를 굳건히 지키고 있다. 몇 년에 한 번씩 여당과 야당이 뒤바뀌는 우리나라와는 전혀 다른 양상이다. 공산당 일당 집권 아래 비약적인 성장을 거듭해 온 중국은 어떤 방식으로 지도자를 선출하는지, 선출 후에는 어떻게 감독하고 평가하는지 본 기사를 통해 알아보자. 그리고 한국과 비교해 어떠한 차이가 있으며, 중국 정치에서 배울 점은 무엇이고, 극복해야 할 점은 무엇인지도 함께 생각해 보자.

STEP 1 뉴스 읽기

中共怎样选拔党政领导干部

TRACK 22

近日，中共中央对外联络部官网发布一份漫画图集，解读中共如何选拔任用党政领导干部。中联部相关负责人表示，"采用漫画图集解读，是在形式和话语体系上的创新，是为了让中外看得进、看得懂[1]。"

中共最高领导怎么选?

首先是中央委员会和中央纪律检查委员会的选举。从2011年7月到2012年6月，中央先后派出59个考察组进行考察，确定了727名考察对象，通过[2]提名、表决、选举的方式，正式选出506名"两委"成员。

然后是中央政治局和中央政治局常委会的选举。由上一届中央政治局提名、新选出的中央委员会全体会议酝酿正式候选人名单，并进行无记名投票，选举出25名委员和7名常委。

最后是中央总书记的产生。总书记是中共中央委员会负责人，由中央委员会全体会议选举，必须从中央政治局常务委员会委员中产生。

事实上，中共党政领导干部选拔任用的特点在于：其一，既"选"又"举"，有民意测验与投票，也有组织推荐与考察，力求选出有贤能的干

시진핑 중국 국가주석

部；其二，德才兼备，特别是在"德"的方面对干部有严格要求；其三，注重实绩，力求选出有能力和实干精神、群众认可的领导干部。

选拔任用有哪些程序？

与西方自由竞争的选举方式不同，中共选拔和任用领导干部实行协商民主与票决民主相结合。经过层层考察，充分酝酿，各方协商，体现中华和合文化传统。在中国，成为党政领导干部特别是高级别的领导干部绝非易事，从普通公务员队伍脱颖而出成为正部级干部的几率只有一点四万分之一，平均所需时间至少要20多年。

选拔任用的基本程序主要分为两种情况：领导换届与个别调整。领导换届选拔任用的程序分五步：第一步，党委及其组织部门动议，形成工作方案；第二步，民主推荐后，确定考察对象；第三步，从德、能、勤、绩、廉五个方面，对考察对象进行考察；第四步，由党委集体讨论，在充分讨论基础上进行表决，决定任免事项；第五步，任职执行，遵循任职前公示制度、任职谈话制度和任职试用期制度。

选任后如何监督考核?

权力不受约束必然产生腐败,监督和考核是党政领导干部选拔任用过程中保证权力不被滥用的重要环节。对党政领导干部的监督主要分为"党纪监督"和"法律法规监督"两个方面。"党纪监督"就是以党纪约束,要求干部时刻遵循组织纪律。"法律法规监督"是指在考察中,为了避免[3]违规提拔和任人唯亲,凡是[4]涉及考察组成员本人或亲属的,都必须回避。在任用中,凡涉及本人基本信息、家庭情况、财产等应报告的任用事项而未汇报的,一律无效。

《人民网》

STEP 2 어휘 다지기

TRACK 23

选拔	xuǎnbá	동 (인재를) 선발하다
党政	dǎngzhèng	명 당정, 정당과 정부
解读	jiědú	동 해독하다, 분석하다, 이해하다
任用	rènyòng	동 임용하다
酝酿	yùnniàng	동 (사전에 미리) 준비하다, 마련하다, 조성하다
民意测验	mínyì cèyàn	동 여론조사를 하다
力求	lìqiú	동 노력을 다하다, 몹시 애쓰다
贤能	xiánnéng	명 재덕을 겸비한 사람, 어질고 재능이 있는 사람
实干	shígàn	동 실제로 일하다, 착실하게 일하다
程序	chéngxù	명 절차, 단계, 순서
绝非	juéfēi	동 절대로 ~이 아니다
队伍	duìwu	명 (조직이 있는) 집단, 단체
脱颖而出	tuōyǐng'érchū	성 송곳 끝이 주머니를 뚫고 나오다, 자기의 재능을 전부 드러내다, 두각을 나타내다
换届	huànjiè	동 (임기가 만료되어) 새 임원으로 교체하다
动议	dòngyì	동 (회의 중에) 임시로 제의하다, 동의하다
任职	rènzhí	동 직무를 맡다, 재직하다
执行	zhíxíng	동 집행하다, 실행하다, 실시하다
遵循	zūnxún	동 따르다
监督	jiāndū	동명 감독하다, 감독
考核	kǎohé	동 심사하다, 대조하다
约束	yuēshù	동 단속하다, 규제하다, 속박하다
腐败	fǔbài	형 (제도·조직·기구·조치 등이) 부패하다, 썩다
滥用	lànyòng	동 남용하다, 마구 사용하다
违规	wéiguī	동 규정을 어기다
提拔	tíbá	동 발탁하다, 등용하다
任人唯亲	rènrénwéiqīn	성 (능력에 무관하게) 자신과 가까운 사람만 임용하다
汇报	huìbào	동 (상황이나 관련 자료를) 종합하여 보고하다

STEP 3 문장 따라잡기

1 采用漫画图集解读，是在形式和话语体系上的创新，是为了让中外看得进、**看得懂**。

만화를 채용하여 설명하는 것은 형식과 언어체계 측면에서 창의적이며, 모든 국내 외 사람들이 보고 이해할 수 있도록 하기 위해서이다.

- 가능보어는 문장에서 동작의 실현 가능성을 보충 설명한다. 결과보어나 방향보어 앞에 조사 '得/不'를 넣어, '동사+得/不+보어'의 형식으로 가능보어를 만들어 어떤 결과나 상태의 실현 여부를 나타낼 수 있다.

    采用漫画解读，是为了让人们更容易看得懂。 [동사+得+결과보어 懂]
    만화로 설명하는 것은 사람들이 더욱 쉽게 이해하게 하기 위해서이다.

    今天的作业不太多，两个小时写得完。 [동사+得+결과보어 完]
    오늘 숙제가 많지 않아서, 두 시간 안에 끝낼 수 있다.

    这道题太难了，我做不出来。 [동사+不+방향보어 出来]
    이 문제는 너무 어려워서 나는 풀 수 없다.

    那座山不高，我们爬得上去。 [동사+得+방향보어 上去]
    저 산은 높지 않아서, 우리는 올라갈 수 있다.

    결과보어, 방향보어, 가능보어 비교

결과보어		가능보어		방향보어		가능보어	
看懂	보고 이해하다	看得懂	보고 이해할 수 있다	上去	올라가다	上得去	올라갈 수 있다
写完	다 쓰다	写得完	다 쓸 수 있다	回来	돌아오다	回得来回不来	돌아올 수 있는가, 없는가

2 **通过**提名、表决、选举的**方式**，正式选出506名"两委"成员。

추천, 표결, 선거의 방식을 통해 정식으로 506명의 중앙위원회와 중앙기율검사위원회 구성원을 선임한다.

- '通过……方式'는 '~한 방법을 통해' '~의 방식으로'라는 뜻으로, 일반적으로 앞 절에 위치하며 뒤 절에는 그 결과가 온다.

通过提名、表决等方式，选出了人大代表。
추천, 표결 등의 방식을 통해 인민대표대회 대표를 선임했다.

今天他已经通过缺席投票的方式投了票。
그는 오늘 이미 부재자 투표의 방식으로 투표를 했다.

矛盾双方不是用武力，而是通过对话的方式解决了纠纷。
갈등이 있던 양측은 물리적 방법이 아닌 대화로써 분쟁을 해결했다.

3 为了避免违规提拔和任人唯亲，凡是涉及考察组成员本人或亲属的，都必须回避。
부정 발탁이나 친인척 등용 등을 방지하기 위하여 모든 조사팀 당사자 및 친족 관계의 사람들을 반드시 피해야 한다.

- 동사 '避免'은 '피하다' '모면하다' '(나쁜 상황을) 방지하다'라는 의미로, 뒤에는 일어나지 않기를 바라는 상황이 온다. 문장의 중간에 놓이며 뒤에는 명사(구)나 동사(구)가 온다.

制定防灾对策，可以避免灾难。
재해 예방 대책을 세우면 재난을 피할 수 있다.

我们应该在公共场所把手机调成振动模式，避免响铃。
공공장소에서는 벨 소리가 울리지 않도록 휴대폰을 진동 모드로 바꿔야 한다.

冬天的时候多穿点儿衣服可以避免感冒。
겨울철에 옷을 많이 입으면 감기 걸리는 것을 방지할 수 있다.

'避免'과 '以免'의 비교

'避免'과 '以免'은 둘 다 일어나지 않기를 바라는 상황을 설명할 때 쓰인다. 차이점은 '避免'은 동사로, 뒤에는 명사구나 동사구가 온다. '以免'은 접속사로, '~하지 않도록' '~않기 위해서'라는 의미를 나타내며 뒤에 절이나 동사구가 온다.

减轻体重的重要方法是避免久坐不动。[동사 避免+동사구]
체중을 감소시키는 중요한 방법은 오래 앉아서 움직이지 않는 것을 피하는 것이다.

东西方文化的交流和冲突是当然的事，也是难以避免的事。[동사 避免+명사구]
동서양의 문화 교류와 충돌은 당연한 일로, 피하기 어려운 일이다.

你到了中国以后要给家人打电话，以免家里人担心。[접속사 以免+절]
중국에 도착한 후에 가족들이 걱정하지 않도록 집에 전화하렴.

骑自行车要遵守交通规则，以免发生危险。[접속사 以免+동사구]
위험이 발생하지 않도록 자전거를 탈 때 교통규칙을 준수해야 한다.

4 凡是涉及考察组成员本人或亲属的，都必须回避。
모든 조사팀 당사자 및 친족 관계의 사람들을 반드시 피해야 한다.

- 부사 '凡是'는 '대체로' '무릇' '모든'이라는 뜻으로 예외가 없음을 나타내며, 문장 앞에 놓이고 뒤에 '都' '就' '一律' '没有不' '总是' 등과 호응한다. 주어의 역할을 하는 명사나 명사구를 총괄한다.

  凡是选拔和任用干部的事情，他都负责。
  간부 선발과 임용에 관련된 모든 일은 그가 책임진다.

  凡是到杭州来的人，没有不想看看西湖的。
  무릇 항저우에 온 사람 중에 시후를 보려고 하지 않는 사람이 없다.

  凡是要购票的，一律在这儿排队！
  티켓 구매하실 분은 여기서 줄을 서세요!

STEP 4 실력 키우기

1 보기에서 알맞은 단어를 찾아 괄호를 채우시오.

> 보기   避免   以免

1. 注意安全是为了(　　)发生危险。

2. 你应该把话说清楚，(　　)引起误解。

3. 早点儿起床，(　　)上学迟到。

4. 要(　　)过食与偏食。

5. 我们应该早作准备，(　　)遇到突发事件措手不及。

6. 饭前一定要洗手，(　　)病从口入。

7. 为健康应(　　)空腹喝酒。

8. 我来把碎玻璃扫掉，(　　)有人踩到。

9. 各种因素，都不要遗漏，(　　)事后出错。

10. 随着考试日期的临近，我还是不可(　　)地紧张起来了。

2 제시어를 사용하여 작문하시오.

> 凡是

1. 무릇 해야 할 일은 모두 힘써 해야 한다.
   → _____

2. 생명이 있는 것은 모두 죽음을 피할 수 없다.
   → _____

3. 무릇 역사는 되풀이되는 것이다.
   → _____

4. 한국 드라마라면 좋아하지 않는 것이 없다.
   → _____

5. 경선에 참가할 사람들은 모두 여기에 등록하세요!
   → _____

6. 동물이라면 모두 생존의 본능이 있다.
   → _____

7. 그녀를 아는 사람들은 모두 그녀를 존경한다.
   → _____

3 '通过……方式'를 사용하여 문장을 완성하시오.

1. 인간과 컴퓨터는 서로 다른 방법을 통해 동일한 목표에 도달한다.
   _____，达到相同的目的。

2. 소비자들의 소비 패턴을 보면 그들의 생활 방식을 알 수 있다.
   _____，可以了解他们的生活方式。

3. 출토된 유물과 유적을 조사하여 그 시대 사람들의 생활방식을 알 수 있다.
   _____，了解那个时代人们的生活方式。

4. 나는 그에게 진 빚을 몸으로 때웠다.
   _____，终于还清了债务。

5. 거리 무료 공연으로 2만여 위안을 모았다.
   _____，募集了人民币两万余元。

6. 세심하고 다양한 서비스로 사람들의 신뢰를 얻었다.
   _____，得到了人们的信任。

7. 가장 적절한 방법으로 마침내 이 어려운 문제를 해결했다.
   _____，终于解决了这个难题。

8. 중년 시기의 질병은 영양 개선을 통해 예방할 수 있다.
   中年时期的一些疾病_____。

4 다음 지문을 읽고 질문에 답하시오.

> 中国政治体系：中华人民共和国是工人阶级领导的、以工农联盟为基础的人民民主专政的社会主义国家。社会主义制度是中华人民共和国的根本制度。禁止任何组织或者个人破坏社会主义制度。中国政治体系由中国共产党组织、国家机关以及人民政协组成。
>
> 中共中央组织机构：(1) 党的全国代表大会 (2) 中央委员会 (3) 中央政治局及其常务委员会 (4) 中央书记处 (5) 中共中央总书记 (6) 中央军事委员会 (7) 中央纪律检查委员会
>
> 国家机构体系：(1) 全国人民代表大会 (2) 中华人民共和国主席 (3) 中华人民共和国国务院 (4) 中华人民共和国中央军事委员会 (5) 地方各级人民代表大会和地方各级人民政府 (6) 民族自治地方的自治机关 (7) 人民法院和人民检察院
>
> 人民政协：中国人民政治协商会议（简称人民政协）是中国人民爱国统一战线组织，是中国共产党领导的多党合作和政治协商的重要机构，是中国政治生活中发扬社会主义民主的一种重要形式。人民政协的主要职能是政治协商、民主监督、参政议政。

1. 中华人民共和国的根本制度是什么？
2. 中国政治体系由哪三个部分组成？
3. 中共中央组织机构由哪七个部分组成？
4. 中华人民共和国的国家机构包括哪七个部分？
5. 中国人民政治协商会议是什么样的组织？

5 다음 주제에 대하여 중국어로 토론하시오.

中国的政治制度如何？中国和韩国的政治制度有什么样的异同？你认为如何进行韩中两国的政治改革？

뉴스가 보이는 연관 단어

정치 제도

TRACK 24

两会 liǎnghuì

양회. 한 해 중국 정부의 경제·정치 운영 방침이 정해지는 중국 최대의 정치 행사. 우리나라의 국회에 해당하는 '전국인민대표대회(全国人民代表大会, 약칭하여 全人大)'와 중국의 정책자문기구라 할 수 있는 '중국인민정치협상회의(中国人民政治协商会议, 약칭하여 政协)'를 함께 칭하는 표현이다.

"两会"并不是一个特定的机构名称，而是对自1959年以来历年召开的"中华人民共和国全国人民代表大会"和"中国人民政治协商会议"的统称。
《会计网》2016.03.07.

양회는 한 특정 기구의 명칭이 아니라, 1959년부터 개최된 '중화인민공화국 전국인민대표대회'와 '중국인민정치협상회의'를 통칭하는 것이다.

全国人民代表大会 Quánguó Rénmín Dàibiǎo Dàhuì

전국인민대표대회. 중국 최고 국가 권력 기관으로, 각 성·자치구·직할시에서 선출한 대표로 구성된다. 조기 소집되거나 연기되는 경우를 제외하고는 5년에 한 번씩 중앙위원회에 의해 소집된다. 중앙위원회, 중앙기율검사위원회의 보고를 청취·심의하며, 당헌(党章)을 개정하고 중앙위원회·중앙고문위원회·중앙규율검사위원회 위원을 선출한다.

全国人民代表大会制定和修改宪法并监督其实施；制定和修改国家基本法律和其他法律。
《中国网》2016.03.02.

전국인민대표대회는 헌법을 제정 및 개정하고, 그 시행을 감독한다. 국가 기본 법률과 기타 법률을 제정 및 개정한다.

《중국공산당 권력 구조》

中国人民政治协商会议 Zhōngguó Rénmín Zhèngzhì Xiéshāng Huìyì

중국인민정치협상회의. 공산당 및 기타 정당, 각 단체, 각 정계의 대표로 구성되는 중국의 최고 정책자문기구로, 중국의 건국 이전부터 1954년 헌법에 의거 기능이 전국인민대표대회로 이관될 때까지 중국의 의회 역할을 수행하였다. 1954년 이후 헌법에 공식적으로 포함되지는 않았으나 역할과 권한을 그대로 유지하고 있다.

中国人民政治协商会议第十二届全国委员会第四次会议，于2016年3月3日至14日在北京举行。会议期间，中共中央总书记、国家主席、中央军委主席习近平等党和国家领导同志出席会议并参加分组讨论，与委员们共商国事。　　　　　　　　　　　《新华网》2016.03.15.

중국인민정치협상회의 제12차 전국위원회 제4차 회의가 2016년 3월 3일에서 14일까지 베이징에서 개최되었다. 회의 기간에 중국공산당 중앙위원회 총서기이자 국가 주석, 중앙군사위원회 주석인 시진핑 등 국가 지도자들은 회의에 참석하여 토론을 진행하고, 위원들과 함께 국정을 논의하였다.

中国共产党中央政治局 / 常务委员会
Zhōngguó Gòngchǎndǎng Zhōngyāng zhèngzhìjú / Chángwù Wěiyuánhuì

중국공산당 중앙정치국과 중앙정치국 상무위원회. 중앙위원회 폐회 기간에 중앙위원회의 권한을 행사하며, 국가와 당에 관계되는 모든 정책을 최종 결정한다. 당·국가·군을 움직이는 고위 간부의 인사권을 장악하는 권력의 핵심기구이다. 중앙정치국 위원은 우리나라의 장관직에 해당하며, 25명의 정치국 위원 중에는 정치국 상무의원 7명이 포함된다.
정치국 상무위원은 통상적으로 7인으로 구성되어 있다. 당 대표인 총서기를 비롯해 부주석, 국무원 총리 및 부총리, 중앙군사주석, 중앙기율검사위원회 등 중국의 최고 권력자들이 집결된 오늘날 중국 정치를 움직이는 실질적인 핵심 권력층이다.

党的十八届六中全会强调，"新形势下加强和规范党内政治生活，重点是各级领导机关和领导干部，关键是高级干部特别是中央委员会、中央政治局、中央政治局常务委员会的组成人员。　　　　　　　　　　　　　　　　　　　　　　　《新华网》2016.11.02.

공산당 제18차 6중전회에서는 새로운 정세에서 당내 정치 활동을 강화하고 규범화할 것을 강조했다. 핵심은 각급 지도기관 및 간부이며 고위급 간부 중 특히, 중앙위원회, 중앙정치국, 중앙정치국 상무위원회의 구성원들이다.

정치 제도

中国共产党中央委员会
Zhōngguó Gòngchǎndǎng Zhōngyāng Wěiyuánhuì

중국공산당 중앙위원회(약칭하여 **中共中央**). 전국대표대회에서 선출되며 전국대표대회와 더불어 중국공산당 최고 권력기관이다. 전국대표대회 폐회 기간 중 이 대회의 결의를 집행하고 당의 모든 업무를 지도하며, 대외적으로 중국공산당을 대표한다. 중앙위원회 전체회의는 중앙정치국에 의해 소집되며 적어도 매년 1회 이상 개최한다. 임기는 5년으로 경력 5년 이상의 중앙위원과 후보위원으로 구성된다.

中国共产党第十八届中央委员会第六次全体会议，于2016年10月24日至27日在北京举行。中央政治局主持会议。

《第一财经日报》2016.10.27.

중국공산당 제18차 중앙위원회 제6차 전체회의가 2016년 10월 24부터 27일까지 베이징에서 개최되어, 중앙정치국이 회의를 주관했다.

中国共产党 Zhōngguó Gòngchǎndǎng

중국공산당. 중국의 실질적 최고 권력기관으로, 1921년 7월 창당되어 2021년이면 창당 100주년을 맞는다. 2015년 말 기준 중국공산당의 당원은 8,875만 명이다. 당원이 되려면 우선 18세 이상으로, 당원 두 명의 추천을 통해서 당원 가입 신청서를 제출해야 한다. 서류심사와 조사 등 기본 절차를 거치면 예비당원이 되는데, 1년간의 수습 기간을 통해 다양한 방법으로 입당자격을 심사하고 자격이 있다고 판단되면 비밀투표를 통해 입당 여부를 결정한다.

1921年7月23日，中国共产党第一次全国代表大会举行，宣告中国共产党成立。

《光明网》2016.06.27.

1921년 7월 23일, 중국 공산당 제1차 전국대표대회가 개최되어 중국공산당 창립을 선포했다.

〈중국 국기 오성홍기(五星红旗)〉

〈중국공산당 당기〉

중국의 과학

从 "数字中国" 擘画科技发展战略

'디지털 중국'으로 과학기술발전 전략을 계획한다

연관 단어

빅데이터, 클라우드 컴퓨팅, 사물인터넷, 인터넷 플러스, 데이터 테크놀로지, online to offline

현재 중국은 명실상부한 인터넷 대국이다. 2015년 말 기준, 중국 IT 제조업 규모는 11조 1,000만 위안으로 세계 1위다. 인터넷 이용자 수도 약 7억 명으로 세계 1위이며, 중국 온라인쇼핑 거래액도 3조 8,800억 위안에 달한다. 세계 10대 인터넷기업 중 무려 4곳이 중국기업이다.

이에 만족하지 않고 중국은 2025년까지 초고속 인터넷망을 선진국 수준으로 끌어올리고, IT분야 총소비액을 12조 위안, 전자상거래 교역 규모를 67조 위안으로 확대하는 등 인터넷 시대의 '디지털 중국'을 표방하며 인터넷 대국에서 인터넷 강국으로의 도약에 박차를 가하고 있다.

STEP 1 뉴스 읽기

从"数字中国"擘画科技发展战略

TRACK 25

没有信息化，就没有现代化，互联网是20世纪最伟大的发明之一，给人们的生产生活带来巨大变化，对很多领域的创新发展起到很强带动作用。推动互联网时代的"数字中国"不仅[1]是推动中国现代化，更是谋求中国发展的战略机遇。正如习近平所说的："我国经济发展进入新常态，新常态要有新动力，互联网在这方面可以大有作为。"

"数字中国"不仅是信息化、现代化，在习近平眼中有着更重要的位置。网络安全和[2]信息化是事关国家安全和国家发展、事关广大人民群众工作生活的重大战略问题，要从国际国内大势出发，总体布局，统筹各方，创新发展，努力把[3]我国建设成为网络强国。当今世界，信息化发展很快，不进则退，慢进亦退。我们要加强信息基础设施建设，强化信息资源深度整合，打通经济社会发展的信息"大动脉"。着力推动互联网和实体经济深度融合发展，以信息流带动技术流、资金流、人才流、物资流，促进资源配置优化，促进全要素生产率提升，为推动创新发展、转变经济发展方式、调整经济结构发挥积极作用。

习近平大力推动实施网络强国战略、国家大数据战略、"互联网+"行动计划，推动移动互联网、云计算、大数据、物联网等与现代制造业

결합, 促进电子商务、工业互联网和互联网金融健康发展, 促进互联网和经济社会融合发展。

　　除了[4]宏观规划, 习近平还指出了建设网络强国的必由路径。建设网络强国, 要有自己的技术, 有过硬的技术, 要把人才资源汇聚起来, 建设一支政治强、业务精、作风好的强大队伍。"千军易得, 一将难求", 要培养造就世界水平的科学家、网络科技领军人才、卓越工程师、高水平创新团队。建设网络强国的战略部署要与"两个一百年"奋斗目标同步推进, 向着网络基础设施基本普及、自主创新能力显著增强、信息经济全面发展、网络安全保障有力的目标不断前进。

　　一个民族、一个国家的兴亡关键, 在于每一次技术革命之时能不能站在前沿, 把握机遇。习近平总书记清晰地把握了中国当前互联网发展的重要特征, 那就是时间紧迫, 各种问题都需要共同面对, 综合把握。而习近平总书记的战略性视野和规划将给整个中国的复兴事业带来光明的前景, 这不仅是个人的历史机遇, 也是整个国家和民族的历史机遇。

《人民网》

중국은 인터넷 대국에서 인터넷 강국으로 도약을 꾀하고 있다.

STEP 2 어휘 다지기

数字	shùzì	몡 숫자, 디지털
擘画	bòhuà	통 계획하다, 배치하다
信息化	xìnxīhuà	통 (국민 경제와 사회 각 영역을) 정보화하다
互联网	hùliánwǎng	몡 인터넷
起到……作用	qǐdào……zuòyòng	~한 역할을 하다
谋求	móqiú	통 강구하다, 모색하다
机遇	jīyù	몡 기회, 찬스, 시기
正如……所说	zhèngrú……suǒshuō	~가 말한 바와 같다
新常态	xīnchángtài	뉴노멀 [중국경제의 '새로운 상태'를 나타내는 말]
大有作为	dàyǒuzuòwéi	성 할 수 있는 일이 많다, 크게 이바지할 수 있다
从……出发	cóng……chūfā	~에서부터 출발하다, ~을 출발점으로 삼다
不进则退	bùjìnzétuì	성 앞으로 나가지 않으면 후퇴하기 마련이다
基础设施	jīchǔ shèshī	몡 인프라, 경제 활동의 기반을 형성하는 기초 시설
大动脉	dàdòngmài	몡 대동맥, 교통의 중요한 간선로
优化	yōuhuà	통 최적화하다
大数据	dàshùjù	빅데이터(Big Data)
云计算	yúnjìsuàn	몡 클라우드 컴퓨팅(Cloud Computing)
物联网	wùliánwǎng	몡 사물인터넷, 사물 간 인터넷(Internet of Things)
电子商务	diànzǐ shāngwù	몡 전자 상거래
过硬	guòyìng	혱 (기술이나 솜씨 등이) 훌륭하다, 탄탄하다
人才资源	réncái zīyuán	인력자원
汇聚	huìjù	통 한데 모으다, 모여들다
千军易得，一将难求	qiānjūnyìdé, yíjiàngnánqiú	성 천 명의 군사는 얻기 쉬워도 훌륭한 장수 한 명은 얻기 어렵다
工程师	gōngchéngshī	몡 기사, 엔지니어
清晰	qīngxī	혱 또렷하다, 분명하다
视野	shìyě	몡 시야

STEP 3 문장 따라잡기

1 推动互联网时代的"数字中国"**不仅**是推动中国现代化，**更是**谋求中国发展的战略机遇。/ **不仅**是个人的历史机遇，**也是**整个国家和民族的历史机遇。

인터넷 시대의 '디지털 중국'을 추진하는 것은 단순히 중국 현대화를 추진하는 것뿐만 아니라 중국 발전의 전략적 기회를 도모하는 것이다. / 이는 개인의 역사적 기회일 뿐만이 아니라, 국가와 민족에 있어서도 역사적인 기회일 것이다.

- 접속사 '不仅(仅)'은 '~뿐만 아니라'라는 뜻으로, '更' '更是' '也是' 등과 자주 호응한다. 주로 서면어에 쓰인다.

  釜山国际电影节**不仅**是韩国电影界的盛会，**也是**国际电影界的盛会。
  부산국제영화제는 한국영화계의 축제일 뿐만 아니라 국제영화계의 축제이기도 하다.

  这本书给孩子们的心灵里输入的**不仅**是智慧的灵光，**更是**人格的力量。
  이 책이 어린이들의 마음에 심어주는 것은 지혜의 빛뿐만 아니라 강인한 품성이기도 하다.

  普及韩流文化，**不仅**是群众文化的需求，**更是**国家的需要。
  한류 문화의 보급은 대중문화의 요구일 뿐만 아니라 국가의 요구이기도 하다.

2 网络安全**和**信息化是事关国家安全**和**国家发展、事关广大人民群众工作生活的重大战略问题。

사이버 안전과 정보화는 국가 안보·발전과 직결되고, 대중들의 일과 생활에 직결되는 중요한 핵심 전략 문제이다.

- 접속사 '和' '而' '并'은 '~와/과'의 뜻으로 결합 관계를 나타낸다. 그러나 이들이 연결할 수 있는 단어와 구의 종류가 서로 다르다. 명사와 명사는 '和'로 연결하고(报纸和杂志), 형용사와 형용사는 '而'로 연결하며(温柔而美丽), 동사와 동사는 '并'으로 연결한다(继承并发扬). '并'으로 연결된 동사는 점층 관계이거나 시간상의 전후 관계가 있다.

  着力推动互联网**和**实体经济深度融合发展。[명사+和+명사]
  인터넷과 실물경제의 융합 발전을 힘써 추진하다.

  促进电子商务、工业互联网**和**互联网金融健康发展，促进互联网**和**经济社会融合发展。
  [명사구+和+명사구]
  전자 상거래, 공업 인터넷과 온라인 금융의 건전한 발전을 촉진하며 인터넷과 경제사회 융합 발전을 추진하고 있다.

  长**而**空的文章没人想看。[형용사+而+형용사]
  길고 내용이 없는 글을 보고 싶어 하는 사람은 없다.

  我们已经搜集**并**整理了这些资料。[동사+并+동사]
  우리는 이미 이 자료들을 수집해서 정리했다.

- 주의할 것은, 두 개 혹은 두 개 이상의 동사나 형용사가 병렬하여 주어 또는 목적어로 쓰일 때는 반드시 '和'를 써야 하며, '而'이나 '并'을 쓸 수 없다.

  游泳和滑冰都是很有意思的运动。[동사+和+동사(주어)+술어+목적어]
  수영과 스케이트 모두 재미있는 운동이다.

  漂亮和善良是她的美德。[형용사+和+형용사(주어)+술어+목적어]
  아름다움과 착한 성품은 그녀의 미덕이다.

  他喜欢干净和整洁。[주어+술어+형용사+和+형용사(목적어)]
  그는 깨끗하고 깔끔한 것을 좋아한다.

  这样的选择，也是对时代精神的负责和尊重。[주어+술어+동사+和+동사(목적어)]
  이러한 선택도 시대정신에 대한 책임과 존중이다.

3 要从国际国内大势出发，总体布局，统筹各方，创新发展，努力把我国建设成为网络强国。

국내외 추세에 따라 전반적으로 고려하고 다양한 방면을 통합하여 혁신 발전을 통해 중국을 인터넷 강국으로 만들기 위해 노력해야 한다.

- '把'자문은 처치가 목적어에 어떻게 영향을 미치는지, 또한 목적어의 위치가 바뀌었는지, 아니면 상태가 변화되었는지 등을 나타낼 때 쓴다. 개사 '把'와 처치의 대상인 '把'의 목적어는 주어 뒤 동사 앞에 놓인다. 술어동사 뒤에는 반드시 동사를 보조하는 기타 성분이 있어야 한다. 기타 성분에는 '了', '着'(경험을 나타내는 '过'는 제외), 동사의 중첩형태, 목적어, 각종 보어(가능보어 제외)가 올 수 있다.

  我已经把汉语作业写完了。[了]
  나는 이미 중국어 작문숙제를 다 했다.

  你把这个书包带着。[着]
  네가 이 가방을 가지고 있어라.

  我把房间打扫打扫。[동사중첩]
  나는 방을 청소한다.

  他把桌子搬出去了。[방향보어]
  그는 탁자를 들고 나갔다.

  小李把报刊阅读课的练习做完了。[결과보어]
  샤오리는 신문독해 수업의 연습문제를 다 풀었다.

  小王把结婚的日子推迟了三天。[시량보어]
  샤오왕은 결혼 날짜를 3일 연기했다.

  小张把那首歌又唱了一遍。[동량보어]
  샤오장은 그 노래를 또 한 번 불렀다.

  这消息把同学们高兴得又唱又跳。[상태보어]
  이 소식에 학생들은 기뻐서 노래하고 춤을 췄다.

4 除了宏观规划，习近平还指出了建设网络强国的必由路径。

거시적 계획 외에도 시진핑은 인터넷 강국 건설의 필수 코스를 제시했다.

- '除了……(以外)'는 '~을 제외하고는'이라는 뜻으로, '也' '都' '还'와 자주 호응한다. '除了A(以外), B也/还……'는 'A는 물론이고, B 역시 ~하다(A포함)'라는 뜻이고, '除了A(以外), B都……'는 'A를 제외하고는 B하다(A배제)'의 의미를 나타낸다.

    除了学好各门功课，他还积极参加各种活动。[A포함]
    그는 모든 과목을 잘하는 것은 물론, 다양한 행사에도 적극적으로 참가한다.

    这次同学聚会，除了敏贞不能去，我也去不了。[A포함]
    이번 동창회에 민정이가 못 가는 것은 물론이고, 나 또한 갈 수가 없다.

    除了这点以外，我都赞成。[A배제]
    이 점 이외에는 전부 찬성한다.

    除了这间以外，所有的屋子都打扫了。[A배제]
    이 방을 제외하고는 모든 방을 다 청소했다.

STEP 4 실력 키우기

1 보기에서 알맞은 단어를 찾아 괄호를 채우시오.

> 보기   和   而   并

1. 听写(　　)会话是学汉语的主要方法。
2. 这些资料都已经整理过(　　)分了类。
3. 他的聪明(　　)勤奋都是大家公认的。
4. 张文喜欢唱歌(　　)跳舞。
5. 他聪明(　　)能干，是一个好孩子。
6. 我们的生活快乐(　　)幸福。
7. 他的机智(　　)大胆都是村里人众所周知的。
8. 首尔(　　)仁川是韩国最大的两个城市。
9. 他(　　)他的伙伴们已经成为了中国男子冰球的生力军。
10. 代表们讨论(　　)通过了这个决议。

2 '把'와 기타 성분을 사용하여 문장을 완성하시오.

1. 请你_____你的证件给我_____。
2. 要_____人才资源汇聚_____。
3. 你应该_____字写得_____。
4. 孩子_____牛奶喝_____。
5. 陈老师_____两位客人带_____屋子里_____。
6. 我得先_____上次借的书还_____。
7. 我没有_____那本书拿_____。
8. 小孩子_____信放_____邮箱里_____。

9. 我们昨天就已经_____开新年晚会的房间布置_____。

10. 他_____这件事又解释了_____。

3 제시어를 사용하여 작문하시오.

> 除了……以外，也/还/都……

1. 일요일을 제외하고 우리는 매일 오전 중국어 수업이 있다.
   →

2. 그녀는 직장을 다니면서 집안일을 하는 것 외에, 또 아이까지 돌보아야 한다.
   →

3. 이 시를 제외하고 다른 시는 모두 외울 수 없다.
   →

4. 나는 골프는 물론이고 볼링도 좋아한다.
   →

5. 양가 친지와 친구들은 물론이고, 양측 직장의 대표도 결혼식에 참석했다.
   →

6. 지금은 여행 성수기여서, 이곳 외에 다른 곳들도 모두 투숙객이 꽉 찼다.
   →

7. 수업 듣는 것 외에 우리는 취업 준비도 열심히 하고 있다.
   →

8. 가을은 물론이고 다른 계절에도 중국에 여행 올 수 있다.
   →

9. 그는 그림 그리는 것은 물론 중국 서법도 좋아한다.
   →

10. 왕 선생님을 제외하고 모두에게 통지했다.
    →

> 不仅是……更是/也是

11. 몇 년 사이에 집세가 몇 배나 올랐을 뿐만 아니라 집값은 천정부지로 치솟았다.
    →_____

12. 채플린은 천재였을 뿐 아니라 영화 역사상 가장 영향력 있는 인물 중 한 사람이었다.
    →_____

13. 개인의 이익을 보호하는 것은 지방정부의 정책일 뿐만 아니라 중앙정부의 정책이기도 하다.
    →_____

14. 패스트푸드의 출현은 상업 혁명일 뿐만 아니라 음식문화의 혁명이기도 하다.
    →_____

15. 그는 시대가 만들어낸 영웅일 뿐만 아니라 또한 중요한 역사 인물이기도 하다.
    →_____

4 다음 지문을 읽고 질문에 답하시오.

> 中国的科技实力到底与美国相差多少?
> 　　目前,中国处在家用电器、建材、铁路和高铁技术、风力涡轮机和电力设备、太阳能电池板和石油天然气设备等少数领域领先美国以外,在其他20多项技术领域都远远差于美国,特别与国防技术相关的商业航空器、半导体、生物机器、特种化工和系统软件等核心技术领域,和美国差距在20至30年左右。

1. 目前,中国在哪些领域领先于美国?
2. 中国在多少项技术领域远远差于美国?
3. 与国防技术相关的核心技术领域,中国和美国的差距大概多少年?

5 다음 주제에 대하여 중국어로 토론하시오.

中国的科学技术发展水平如何? 中国的信息化、现代化程度如何? 你对中国从"数字中国"擘画科技发展战略有什么见解?

뉴스가 보이는 연관 단어

디지털 사회

大数据 dàshùjù

빅데이터(big data). 빅데이터란 기존 데이터에 비해 종류와 양이 방대하고 생성 속도가 빠르며, 활용 가치가 높고 가변적인 대규모 데이터를 말한다.

10月18日，国家发改委与清华大学签署了"关于共建国家新型城镇化大数据库的框架协议"。

《中国青年报》2016.10.19.

10월 18일 국가 발전 개혁 위원회와 칭화대학은 '국가 신형 도시화 빅데이터 센터 공동 건설' MOU를 체결했다.

云计算 yúnjìsuàn

클라우드 컴퓨팅(Cloud Computing). 이용자의 모든 정보를 인터넷 상의 서버에 저장하고, 이 정보를 각종 IT 기기를 통하여 언제 어디서든 이용할 수 있는 컴퓨터 환경을 뜻한다.

2016年被视为是云计算爆发之年。根据中国信息通信研究院公布的数据显示，2015年中国公共云服务市场整体规模约102.4亿元，比2014年增长了45.8%，预计2016年的市场规模可望达到150亿元。

《中国报告大厅》2016.10.18.

2016년은 클라우드 컴퓨팅이 폭발적으로 성장한 한 해였다. 중국정보통신연구원에서 발표한 데이터에 따르면 2015년 중국 공공 클라우드 서비스 시장 규모는 102.4억 위안으로 2014년 대비 45.8% 성장했으며 2016년 시장 규모는 150억 위안을 돌파할 전망이다.

物联网 wùliánwǎng

사물인터넷(Internet of Things, IoT). PC, 스마트폰을 넘어 자동차, 냉장고, 세탁기, 시계 등 모든 사물을 인터넷으로 연결하는 것을 말한다. 이 기술을 이용하면 모든 사물에 센서와 통신 기능을 내장하여 스스로 데이터를 주고 받고 이를 처리해 자동으로 구동하는 것이 가능해진다. 2015년 중국 사물인터넷산업 시장규모는 7500억 위안을 기록했으며, 2020년에는 1조 8000억 위안으로 확대될 것으로 전망하고 있다.

用物联网改写传统产业格局。10月30日-11月1日，世界物联网博览会将在无锡召开。

《无锡日报》2016.10.19.

사물인터넷을 통한 전통 산업 구조의 변화. 10월 30일부터 11월 1일까지 우시에서 세계 사물인터넷 박람회가 개최된다.

디지털 사회

互联网+ hùliánwǎng jiā

인터넷 플러스(internet plus). 모든 전자 기기에 인터넷을 더한다는 의미로, 2015년 3월 리커창(李克强) 총리가 처음 언급했다. 모바일 인터넷, 빅데이터, 사물인터넷, 클라우드 컴퓨팅 등의 정보통신기술을 제조업과 융합시켜 전자 상거래, 인터넷 금융 등의 발전을 이루고, 산업구조를 바꿈으로써 세계 시장에서 입지를 다질 수 있도록 하기 위한 중국의 국가 전략이다.

"互联网+"农业还远不止于把农产品搬到网上。越来越多的农民在土地上播撒下互联网种子，捕捞那跳跃的数字，用它指导生产，用它提高亩产。"互联网+"让农民有了不一样的面貌，更让现代农业有了全新的模样。

《浙江日报》2016.11.14.

'인터넷 플러스' 농업에서 농산물을 인터넷으로 옮기기에는 아직 이르다. 점차 더 많은 농민이 토지에 인터넷 씨를 뿌리고 뛰어오르는 데이터를 채취하고, 그걸로 생산을 이끌고 생산량을 높일 것이다. 인터넷 플러스는 농민을 변화시키고, 현대 농민에게 새로운 모습을 갖추게 했다.

大数据技术 dàshùjù jìshù

데이터 테크놀로지(Data Technology, DT). 알리바바 마윈(马云) 회장이 제시한 신조어로, '데이터 기술 시대'를 뜻한다. 마윈 회장은 "지난 20년간 지속된 IT시대가 저물고, 앞으로 30년 간 DT혁명에 기반한 새로운 인터넷 시장이 열리게 될 것이며, 이제는 방대한 고객데이터를 활용해 개별 고객의 요구에 부응할 줄 아는 기업이 성공하는 시대가 될 것"이라고 밝혔다.

马云在数博会系统阐述了"DT时代"的特点，DT时代把机器变成人，而这也将改变制造业的局面，释放更多企业的活力，"未来的制造业要的不是石油，它最大的能源是数据"。

《中国证券网》2016.10.18.

마윈은 데이터 박람회에서 'DT(데이터 테크놀로지) 시대의 특징'에 대해 다음과 같이 서술하였다. DT 시대에서는 기계를 인간화한다. 이는 제조업의 변화를 초래하여 더 많은 기업에 활로를 열어 준다. "미래 제조업에 필요한 것은 석유가 아니라 최대의 에너지인 데이터이다."라고 했다.

O2O

O2O(online to offline)란 온라인과 오프라인이 연결되어 새로운 가치를 창출하는 서비스를 말한다. 스마트폰을 이용해 오프라인 매장으로 고객을 유치하거나, 온라인으로 주문을 받고 '찾아가는 서비스' 등이 있으며, 최근에는 '방문 서비스' 앱(App)이 대세이다. 콜택시 서비스를 제공하는 '滴滴打车', 방문 세차 서비스를 제공하는 '呱呱洗车', 방문 요리사 서비스를 제공하는 '好厨师' 등이 있다.

数据显示，2016年以来O2O平台服务市场增速正持续放缓，各家补贴力度普遍下降。

《人民网》2016.10.19.

통계에 따르면 2016년부터 O2O 플랫폼 서비스 시장의 성장세가 감소하여 업체별 보조금도 줄어드는 추세이다.

| 뉴스 읽기 | 어휘 다지기 | 문장 따라잡기 | 실력 키우기 | 뉴스가 보이는 연관 단어 |

중국의 인구

北京超老龄化将持续50年
"421"结构将成为常态

베이징 초고령화 앞으로 50년간 지속 전망, 421가정 구조 보편화 될 것

연관 단어

인구조사, 고령화 사회, 싱글족 경제, 421가정, 양로보험, 독거노인, 실버산업, 재택 양로, 잠복기간

'100세 시대'라는 말이 낯설지 않다. 평균수명이 늘어남에 따라 환갑만 되어도 장수를 축하하는 잔치를 열던 때에서 이제는 팔순도 당연시하는 시대가 되었다. 이와 함께 인구 고령화는 전 세계가 직면한 사회 문제로 대두하였다. 13억 인구의 중국은 노인 인구 증가뿐만 아니라 한 자녀 정책으로 '421가정' 구조가 보편적 형태로 자리 잡고 있어 해결책이 시급한 상황이다. 가정, 기업, 사회 그리고 정부가 공동 협력하여 강구하고 있는 초고령화 문제에 대한 중국의 대응책은 무엇인지 본문을 통해 알아보자.

STEP 1 뉴스 읽기

北京超老龄化将持续50年
"421"结构将成为常态

TRACK 28

　　北京市户籍人口老龄比例在全国排第二，全市平均每天净增500余名60岁以上老年人，并且仍在快速增长，老龄化形势十分严峻。据预计，2030年北京将达到重度老龄化，户籍老年人口占比超过30%，随后达到超老龄化社会，这一高比例将持续50年以上。

　　在由市委宣传部等联合举办的2016年"展望'十三五'发展谱新篇"系列形势政策第六场报告会上，市民政局副局长、新闻发言人李红兵昨天给大家吃了定心丸，表示现在正¹从10个方面开展50多项工作，未来将"做强养老服务业，实现老有所养"。

"421"家庭人口结构将进入常态

　　李红兵表示，未来养老服务面临的是一个很大的群体，是独生子女的父母。据预计，到2030年，全市将有80万人超过75岁，而他们只有一个子女。据他介绍，从2015年开始，上世纪80年代初年龄在25岁以上的独生子女父母将相继进入60岁，这意味着"421"家庭人口结构正成为一种常态。

고령화 사회에 진입한 중국

　　目前，平均每个家庭户的人口为2.45人，"空巢"老年人家庭已经占50%，其中抽样推算失能及半失能老年人共60万人，并有失智老年人10余万名。独生子女父母队伍的壮大，无疑会让"空巢"老年人家庭比例进一步增大。

　　"养老服务家庭担不起[2]、政府包不起、企业赔不起，既不能由政府办，也不能完全推向市场。"李红兵说，"需要家庭、企业、社会和政府等主体共同参与，形成合力。"

　　李红兵表示，积极应对人口老龄化，北京正建立起以[3]居家养老为基础、社区为依托、机构为补充、社会保障为支撑的养老服务体系。养老服务既有通行的规律，也有适应地域需求中必然的特点，所以要继承与创新并举，构建中国特色养老服务体系首都模式。

2030年进入重度老龄化社会

　　虽然是"十三五"发展报告，但李红兵更多地介绍了2030年之后的形势。他说，"十三五"是及时、科学、综合应对人口老龄化的重要机遇期，是抓住和用好有限窗口期的关键五年。

李红兵表示，尽管老年人口快速增长，但目前本市老龄化程度仍处于中度；不过，到2030年，本市老龄化将达到重度，户籍老年人口占比超过30%。到了2050年，户籍老年人将超过630万，每3个人中就有1名老年人，进一步迈入超老龄化社会。"并且这种人口结构和社会形态将持续50年以上。"

　　老龄化的同时，社会保障的压力也会急剧增大。李红兵透露，2020年本市养老金支出2000亿元，已经非常高，但到2030年这个数字将达到惊人的6700亿元，增长两倍[4]多。李红兵表示，老龄化超过30%后，"我们是幸福的，还是痛苦的，要从现在开始从长计议。"

《新华网》

STEP 2 어휘 다지기

老龄化	lǎolínghuà	동 노령화하다, 고령화하다
户籍	hùjí	명 호적
净增	jìngzēng	동 순증가하다
严峻	yánjùn	형 심각하다, 중대하다, 엄숙하다
预计	yùjì	동 예측하다, 추산하다
随后	suíhòu	부 뒤따라, 뒤이어, 이어서
定心丸	dìngxīnwán	명 진정환, 진정제, 안정제
养老	yǎnglǎo	동 노인을 봉양하다
老有所养	lǎoyǒusuǒyǎng	성 노년에 부양해 줄 사람이 있다
面临	miànlín	동 (문제, 상황에) 직면하다, 당면하다
独生子女	dúshēng zǐnǚ	명 외아들이나 외동딸, 독자나 독녀
相继	xiāngjì	부 잇따라, 연이어, 계속해서
抽样	chōuyàng	동 표본을 추출하다, 샘플을 뽑다
推算	tuīsuàn	동 추산하다, 미루어 계산하다
无疑	wúyí	형 의심할 바 없다, 틀림이 없다
推向	tuīxiàng	동 일정한 방향으로 밀다, 추진하다
应对	yìngduì	동 응답하다, 대답하다
社区	shèqū	명 지역 사회
依托	yītuō	동 의지하다, 기대다
急剧	jíjù	부 급격하게, 급속히
透露	tòulù	동 누설하다, 넌지시 드러내다
从长计议	cóngchángjìyì	성 천천히 신중하게 상의하다

STEP 3 문장 따라잡기

1 现在正从10个方面开展50多项工作。 / 这意味着"421"家庭人口结构正成为一种常态。

현재 10개 분야 50여 개 관련 업무를 추진하고 있다. / 이는 421가정 구조가 보편화 되고 있음을 의미한다.

- 부사 '正' '在' '正在'는 동사 앞에 위치하여 동작의 진행을 나타내는데, '正在'는 어떤 시점에 있어서의 동작의 진행 상태를 더욱 강조해 준다. 문장 끝에 '呢'를 붙이기도 하는데 '正' '在' '正在' 모두 '呢'와 호응하여 사용할 수 있다.

    我正写汉字。
    我在写汉字。
    我正在写汉字。
    我写汉字呢。   나는 한자를 쓰고 있다.
    我正写汉字呢。
    我在写汉字呢。
    我正在写汉字呢。

- 동작의 진행형은 현재와 과거, 미래에 모두 쓰일 수 있다.

    A: 你在吃什么呢? 너 뭐 먹고 있어?
    B: 我在吃饺子呢。 만두를 먹고 있어. [현재의 진행]

    昨天你给我打电话的时候，我正在看电视呢。 [과거의 진행]
    어제 네가 나한테 전화했을 때, 나는 TV를 보고 있었어.

    下个月放假的时候，他一定在中国旅游呢。 [미래의 진행]
    다음 달 방학 기간에, 그는 중국 여행 중일 거야.

- 진행형 문장의 부정형은 '没有'나 '没在'를 써서 만들 수 있다.

    他没在看地图，他在看照片。 그는 지도를 보고 있는 것이 아니라 사진을 보고 있다.
    她没有看书，她在看电视呢。 그녀는 책을 보고 있는 것이 아니라 TV를 보고 있다.

'正' '在' '正在'와 '동사+着'의 비교

동태조사 '着'는 동사 바로 뒤에서 동작이나 상태의 지속을 나타낸다. '~하고 있다' '~하는 중이다'라는 의미이다. 또한 어느 동작이 끝난 뒤 정지 상태의 지속을 나타내기도 한다. 이때는 '~한 채로 있다'라는 뜻이다. 동사와 '着' 사이에는 다른 성분이 올 수 없다. '正/在/正在'와 '동사+着' 형식을 함께 사용하여 동작의 진행과 지속을 강조할 수도 있다.

	품사	위치	의미	예문
正/在/正在	부사	동사 앞	동작의 진행	他正挂画呢。 그는 그림을 걸고 있다. 他正开门。 그는 문을 열고 있다.
着	조사	동사 뒤	동작의 지속	墙上挂着画。 벽에는 그림이 걸려 있다. 门开着。 문이 열려 있다.
正/在/正在+ 동사+着			동작의 진행 및 지속 동시 강조	他正挂着画呢。 그는 그림을 벽에 걸고 있는 중이다. 他正开着门呢。 그는 문을 열고 있는 중이다.

2 养老服务家庭担不起、政府包不起、企业赔不起，既不能由政府办，也不能完全推向市场。

양로 서비스 문제는 가정에서 감당할 수도 없고, 정부에서 떠안을 수도 없고, 기업에서 보상할 수도 없다. 또한 정부가 주도할 수도 없고, 완전히 시장에 맡길 수도 없다.

- '동사+得/不+起'를 사용하여 가능보어 구문을 만들 수 있다. '동사+得起'는 '돈이나 능력이 있어서 ~할 수 있다'라는 뜻을 나타내고, '동사+不起'는 '돈이나 능력이 결여되어 ~할 수 없다'라는 의미를 나타낸다.

  这游戏机我玩儿得起。[능력으로 인한 가능]
  나는 이 게임기를 가지고 놀 수 있다.

  这么沉的东西孩子拿不起。[능력으로 인한 불가능]
  이렇게 무거운 물건을 아이가 들 수 없다.

  很少有人买得起这种奢侈品。[경제력으로 인한 가능]
  이런 사치품을 살 수 있는 사람은 별로 없다.

  我哥哥借钱给我了。否则，我可付不起这次旅费。[경제력으로 인한 불가능]
  형이 돈을 빌려주지 않았다면 나는 이번 여행 경비를 낼 수 없었다.

3 北京正建立起以居家养老为基础、社区为依托、机构为补充、社会保障为支撑的养老服务体系。

베이징은 '재택 양로'를 기초로 하여, 지역사회가 지원하고, 기관에서 보완하며, 사회보장을 버팀목으로 하는 양로 서비스를 구축해 가고 있다.

- '以……为……'는 '~을 ~(으)로 삼다' '~을 ~(으)로 여기다'라는 뜻으로, '把……当作……' '拿……作为……' '认为……是……'와 같은 의미이다. 또한 '以'는 뒤에 '为主' 혹은 '为中心'과 호응하여 '以……为主(~을 위주로 하다)', '以……为中心(~을 중심으로 삼다)'이라는 표현으로도 활용된다.

    我们要以事实为依据，以法律为准绳。
    우리는 사실을 근거로 하고, 법률을 기준으로 삼아야 한다.

    结婚应该是以爱情为基础的。
    결혼은 사랑을 바탕으로 해야 한다.

    我校是以教育为中心的大学，我们系以学汉语为主。
    우리 학교는 교육중심 대학이며, 우리 과는 중국어를 주로 배운다.

    这部电影是以两个人物的对话为中心展开的。
    이 영화는 두 인물의 대화를 중심으로 전개된다.

4 2020年本市养老金支出2000亿元，已经非常高，但到2030年这个数字将达到惊人的6700亿元，增长两倍多。

2020년 베이징시 노인 양로 연금 지출은 2,000억 위안으로 이미 높은 수준이지만, 2030년에 이르면 이 숫자는 놀랍게도 6,700억 위안을 돌파해 3배 넘게 증가할 것이다.

- 양사 '倍'는 '배, 배수, 곱절'의 뜻이다. '一倍'는 '(원래 양의) 2배'를 뜻하고, '两倍'는 '(원래 양의) 3배'를 뜻한다.

    今年的老龄人口比前年增加了两倍。 올해 노령 인구는 재작년보다 3배 증가했다.

    今年产量比去年多一倍。 올해 생산량은 작년보다 2배 많다.

- '是'자문에서는 우리말과 표현이 같다.

    九是三的三倍。 9는 3의 3배이다.

    这价钱是去年的两倍。 이 가격은 작년의 2배이다.

배수 표현

多一倍	多两倍	是一倍	是两倍
2배	3배	1배	2배

'增加两倍'와 '翻两番(fān liǎng fān)'의 비교

'增加一倍'와 '翻一番'은 둘 다 '수량이 배로 늘다, 갑절이 되다'라는 뜻으로, 2배 증가함을 의미한다. 하지만 '两' 이상의 숫자가 들어가면 증가 폭이 크게 달라진다. '增加两倍'는 3배 증가를 뜻하지만, '翻两番'은 4배 증가를 뜻한다. '倍'는 2배, 3배, 4배, 5배 등 산술급수적(증가폭 일정)으로 증가하는 것이고, '番'은 2배, 4배, 8배, 16배, 32배 등 기하급수적(증가폭 또한 증가)으로 증가하는 것이다. 숫자 '3'을 기준으로 예를 들어보자.

增加一倍	2배	3+3×1=6	翻一番	2배	$3×2^1=6$
增加两倍	3배	3+3×2=9	翻两番	4배	$3×2^2=12$
增加三倍	4배	3+3×3=12	翻三番	8배	$3×2^3=24$

今年的女学生比去年增加了一倍。
올해 여학생은 작년보다 2배 증가했다.

今年学汉语的人比2010年增加两倍多。
올해 중국어를 배우는 사람이 2010년보다 3배 이상 증가했다.

今年的粮食产量比去年翻了两番。
올해 식량 생산량은 작년보다 4배 증가했다.

2018年的汽车出口量比2000年将翻三番。
2018년 자동차 수출량은 2000년보다 8배 증가할 것이다.

STEP 4 실력 키우기

1 보기에서 알맞은 단어를 찾아 괄호를 채우시오.

> 보기   正   在   正在   呢   没在   没有

1. 她们(　　)唱歌吗?
2. 她们(　　)唱歌，她们(　　)跳舞。
3. 她(　　)散步，她(　　)打太极拳。
4. 他们(　　)城里盖楼(　　)。
5. 我们(　　)电影院里看电影(　　)。
6. 上星期天我去他家的时候，他(　　)吃饭(　　)。

> 보기   以……为   以……为主   以……为中心

7. 这次考试的成绩(　　)小王(　　)最高。
8. 这里的风景看上去还是(　　)田园风光(　　)。
9. 在我们班同学中(　　)玛丽的口语能力(　　)最高。
10. 中国(　　)发展经济(　　)进行改革开放。
11. 从孩童时期开始，她的生活就(　　)网球(　　)。
12. 大家都(　　)他(　　)榜样。
13. 大熊猫主要(　　)竹子(　　)食物。
14. 他不(　　)贫穷(　　)耻。

2 제시어를 사용하여 작문하시오.

> 동사+得/不起

1. 그는 자신의 월급으로는 사치스러운 식품을 살 형편이 안 된다.
   →

2. 정가를 내려 모두가 살 수 있게 해야 한다.
   →

3. 아무리 생각해도 그 사람의 이름이 생각나지 않는다.
   →

4. 성인도 그것을 들 수가 없는데, 하물며 어린아이야 오죽하랴?
   →

5. 그녀를 어디에서 봤는지 기억해 낼 수 없다.
   →

6. 이미 우리가 그 비용을 부담할 수 없다고 네게 말했으니, 더는 말하지 마.
   →

以……为 / 以……为主 / 以……为中心

7. 생산과 유통은 모두 품질을 중요시해야 한다.
   →

8. 우리의 생활은 건강을 우선해야 한다.
   →

9. 이것은 경제 발전을 중심으로 한 정책이다.
   →

10. 회화 수업은 말하기를 위주로 하고, 듣기 수업은 듣기를 위주로 한다.
    →

11. 한국의 가정 요리는 쌀밥, 국, 김치가 주가 된다.
    →

12. 중국은 IT산업을 중심으로 경제를 발전시키고 있다.
    →

3 괄호 안의 제시어를 사용하여 문장을 완성하시오.

1. 大家都努力生产，结果_____。（增加……倍）
2. 每天一支烟，_____的风险。（增加……倍）
3. 总产从50吨增加到400吨，_____。（翻……番）
4. 总产从50吨增加到200吨，_____。（增加……倍）
5. 今年有16000人就职，比四年前的4000人_____。（增加……倍）
6. 2017年某省高考招生12000名，比2007年的3000名_____。（翻……番）
7. 五年来营业额从30万增加到240万，_____。（增加……倍）
8. 五年来营业额从30万增加到240万，_____。（翻……番）

4 다음 지문을 읽고 질문에 답하시오.

> 中国人口年龄结构变化"惊人"：老人从最少到最多不足百年
>
> 2014年年底，中国的老年人口数量达到2.12亿人，成为世界上第一个老年人口破2亿的国家。按照专家预测，大约再过20年左右，中国老年人口就将突破3.5亿，此后一直到2100年都不会再低于这个数字。中国老龄化的高峰将出现在2055年左右，届时老年人口将接近4.5亿。按照国家人口发展战略，中国的人口总量将控制在15亿左右，全国平均总和生育率在未来30年应保持在1.8左右，过高或过低都不利于人口与社会经济的协调发展。

1. 中国什么时候成为世界上第一个老年人口破2亿的国家？
2. 中国老龄化的高峰将出现在什么时候？届时老年人口将达到多少亿？
3. 按照国家人口发展战略，中国的人口总量将控制在多少亿左右？

5 다음 주제에 대하여 중국어로 토론하시오.

你对"421"家庭人口结构有何理解？你认为如何解决老龄化社会问题？

뉴스가 보이는 연관 단어

인구·고령화

TRACK 30

人口普查 rénkǒu pǔchá

인구조사. 중국은 10년에 한 번 인구조사를 시행하며, 그 중간인 5년마다 전국인구의 1%를 표본 조사한다. 2015년 중국 총인구는 13억 7,349만 명(홍콩, 마카오 제외)으로, 2010년 제6차 인구조사보다 3,377만 명이 증가한 것으로 나타났다.

根据我国的人口普查条例规定，我国人口普查每10年进行一次，尾数逢0的年份为普查年度，在两次人口普查之间进行一次全国1%人口抽样调查。 《北京青年报》2016.10.16.

중국 인구조사 조례 규정에 따르면 10년마다 인구조사를 시행하며 마지막 숫자가 0으로 끝나는 해가 전체 인구조사를 실시하는 연도이다. 두 번의 인구조사 사이에 전체 인구의 1%에 대해 표본 조사를 시행한다.

老龄化社会 lǎolínghuà shèhuì

고령화 사회. 급속한 고령화로 인해 중국 법정 은퇴연령인 60세 이상 노인 인구 비중은 2010년 13.3%에서 2015년 16.1%로 증가하였으며, 2050년에 이르면 노인 인구가 전체 인구의 1/3을 넘어설 것으로 추정하고 있다.

发达国家老龄化进程长达几十年至100多年，如法国用了115年，瑞士用了85年，英国用了80年，美国用了60年，而我国只用了18年(1981-1999年)就进入了老龄化社会，而且老龄化的速度还在加快。 《中国之声》2016.10.09.

선진국의 고령화 사회 진입 기간은 몇십 년에서 100년 이상 걸렸다. 예를 들면 프랑스는 115년, 스위스는 85년, 영국은 80년, 미국은 60년이 걸렸다. 그러나 중국은 18년(1981~1999년) 만에 고령화 사회에 진입했으며 심지어 고령화 속도가 더욱 빨라지고 있다.

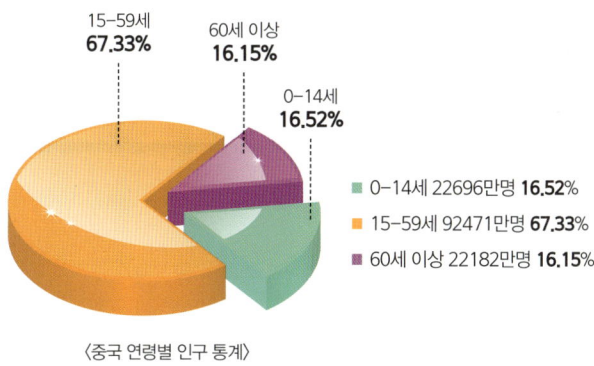

〈중국 연령별 인구 통계〉

单身经济 dānshēn jīngjì

싱글족 경제. 경제사회 발전과 결혼에 대한 개념이 변하면서 결혼을 하지 않거나 결혼을 늦추는 싱글들이 빠르게 증가하고 있으며, 이들을 겨냥한 1인 식당, 1인 아파트, 1인 여행 등이 생겨나 '싱글족 경제'를 형성하고 있다.

"单身经济"崛起，一人食餐厅进驻商场意外爆红。在过去，如果一个人独自到一家餐厅吃饭，往往会被周围人视为LOSER。而现在，大多数人不会再对此感到奇怪。

《中国零售平台》2016.10.14.

'싱글족 경제'의 부흥으로 혼밥 식당의 상가 입주가 뜻밖의 인기를 얻고 있다. 과거에는 식당에서 혼자 밥을 먹으면 주위 사람들에게 루저로 취급되었다. 하지만 지금은 대부분 그것을 이상하게 생각하지 않는다.

421家庭 sì èr yāo jiātíng

421가정. 네 명의 노인, 부부, 한 명의 아이로 구성된 중국의 가족 구조를 뜻한다. 중국의 산아제한 정책에 따라 외동으로 자라 결혼한 부부가 고령화 사회에서 양가 부모와 자신의 자녀까지 부양해야 하는 현실적인 부담에 부딪히며 중국의 심각한 사회문제를 야기하고 있다.

现在的众多"421家庭"都具有很大的家庭财务压力，特别是在面对老人生病需要一大笔医疗费支出时，更是感觉财务上捉襟见肘。

《人民网》2016.02.16.

최근 대부분의 '421가정'에서 큰 재정 부담을 안고 있다. 특히 노인들의 병환으로 많은 의료비용을 지출해야 할 때 더욱 큰 경제적 어려움을 느낀다. [捉襟见肘: 옷깃을 여미니 팔꿈치가 보이다, 생활이 곤궁하다]

〈421가정 구조〉

养老保险 yǎnglǎo bǎoxiǎn

양로보험[우리나라의 국민연금]

新型农村社会养老保险之所以被称为新农保，是相对于以前各地开展的农村养老保险而言，过去的老农保主要是农民自己缴费，实际上是自我储蓄的模式，而新农保最大的特点是采取个人缴费、集体补助和政府补贴相结合的模式，有三个筹资渠道。　　《聘才网》2016.10.18.

신형 농촌 사회 양로보험을 '신농보'라고 칭한다. 이는 과거 각 지방에서 실시했던 농촌 양로보험과 대비되는 말이다. 과거 농민 보험은 주로 본인만 돈을 납부했기 때문에 결국 개인이 저축하는 방식이다. 하지만 '신농보'의 가장 큰 특징은 바로 개인이 납부하고 소속단체와 정부가 지원하는 모델로 3가지 자금 확보 채널을 갖추고 있다는 점이다.

空巢老人 kōngcháolǎorén

자녀들이 성장하여 모두 떠나고 홀로 사는 노인. 독거노인. '巢'는 '새 둥지'를 뜻한다.

随着寿命的延长，家庭少子化趋势的发展，老年人口中高龄老年人和空巢老人的比例不断增加。　　《中国经济网》2016.10.19.

수명의 연장과 가정의 저출산 추세에 따라 고령 노인과 독거노인의 비율이 계속해서 증가할 것이다.

未富先老 wèifùxiānlǎo

중국이 경제적으로 부유해지기 전에 인구의 고령화가 먼저 진행됨을 뜻하는 말

目前，中国老年人口基数大、老龄化速度快、"未富先老"，中国将采取开发老年人力资源，拓宽女性就业渠道，推进农业转移人口市民化，提高劳动力市场配置效率，扩大劳动参与率。　　《凤凰财经》2016.09.06.

최근 중국은 노인 인구 증가와 고령화 속도 급증에 따라 부유해지기도 전에 고령화가 먼저 진행되고 있다. 이에 따라 중국은 노년층 인력 자원 개발, 여성 고용 기회 확대, 농촌 인구 도시화 추진, 노동력 시장 배분 효율성 향상, 그리고 노동 참여율 확대 정책을 취할 것이다.

인구 · 고령화

银发产业 yínfà chǎnyè

실버산업. 중국은 저출산, 고령화 문제를 해결하기 위해 두 자녀 정책과 함께 인구 고령화를 대비한 노인 복지, 실버 서비스산업에 대해 전폭적으로 지원하고 있다.

 10月15日，首届全国老龄法律论坛在京举办，论坛倡导"法护老人权益，保驾银发产业"。

《人民政协网》2016.10.19.

10월 15일 〈제1회 전국 고령 법률 포럼〉이 베이징에서 개최되었다. 포럼에서는 '법적으로 노인의 권익을 보호하고, 실버 산업을 보호하자'라고 주창했다.

居家养老 jūjiāyǎnglǎo

재택 양로. 홈케어[집에서 머물면서 의료혜택과 돌보미 서비스를 받는 것]

 在我市250多万老人中，90%以上老人居家养老。如何加大推进居家养老服务是目前的一个热点话题。

《成都日报》2016.10.18.

우리 시 250여만 명의 노인 중 90% 이상이 재택 양로를 선택했다. 재택 양로 서비스를 어떻게 확대할 것인지가 최근 쟁점으로 떠올랐다.

窗口期 chuāngkǒuqī

반영기간, 대기기간, 잠복기간

 从2016年上半年的房地产市场回暖来看，下半年将处于上涨后的一个回暖窗口期。

《新华网》2016.06.28.

2016년 상반기 부동산 시장이 반등한 것으로 보아 하반기는 과열 후 찾아오는 잠복기가 될 것으로 예측된다.

| 뉴스 읽기 | 어휘 다지기 | 문장 따라잡기 | 실력 키우기 | 뉴스가 보이는 연관 단어 |

중국의 제조업

高端中国制造扬名海外

고품질 중국산 제품 해외에 이름을 떨치다

연관 단어

중국제조 2025프로젝트, 특별인출권, 토종 브랜드의 역습, 공유경제, 경기 침체, 인수 합병

그동안 '메이드 인 차이나'는 대다수 사람들 머릿속에서 단지 값싸고 품질이 떨어지는 저급 제품으로 인식됐지만, 지금은 기술지원과 디자인 개발로 품질이 크게 향상됨에 따라 해외에서의 중국산 제품의 이미지도 크게 변하고 있다. 최근 알리바바, 화웨이, 중싱, 렌상, 텅쉰 등의 중국 브랜드가 속속 세계 시장에 진출, 경쟁력을 입증하며 중국 브랜드의 전체 이미지도 향상되고 있다. 본문을 통해 중국 제조 상품이 어떻게 세계 시장을 바꾸고 있는지, 각종 분야에서 '중국 제조'가 어떻게 '중국 창조'로 탈바꿈하고 있는지 확인해 보자.

STEP 1 뉴스 읽기

高端中国制造扬名海外

TRACK 31

从前，一提到"中国制造"，许多人脑海里可能只有一些"价廉物不美"的低端产品，而如今，随着品质不断提升，"中国制造"的海外形象在日渐改变。

焕然一新

改革开放以来，中国一度被外界称作"世界工厂"，鞋子、服装、玩具、电子产品等消费品供应全球，改变了世界经济和贸易的地图。然而如今，中国向五大洲提供的远不止低端产品，而是越来越多的高端产品。

在美洲，中国北车提供的地铁列车和电动车组，已经承担巴西里约轨道交通80%以上运能；大疆无人机受到许多美国科技名人、明星的青睐，还出现在热门美剧里。

在亚洲，日本福岛核泄漏危机时，应日方要求，三一重工派出62米泵车驰援；巴基斯坦第一座装机容量达100兆瓦的大型太阳能光伏电站，由新疆企业特变电工承建。

在欧洲，巴黎繁华的歌剧院大道上，中国日化品牌佰草集开设旗舰店销售化妆品，提供汉方SPA服务。

在非洲，中国铁建承建的本格拉铁路年内即将通车。这条横贯安哥拉全境的铁路将成为大西洋与印度洋之间国际铁路通道的一部分。

在大洋洲，伊利集团正在新西兰南岛建设全球最大乳业基地，推动该地区成为全球乳业核心区；兖州煤业澳大利亚公司掌握的超洁净煤技术，已经达到工业化要求。

"我觉得这款手机比iPhone性价比要高。同样是智能手机，小米用起来很方便，价格却比[1]苹果要便宜得多。"在北京留学的德国男孩弗洛里晃了晃自己手中的小米手机，笑着说。如今，中国手机不再是"山寨"、劣质的代名词，而是更具科技含量、更具工业设计的产品。这也让[2]越来越多的国外消费者倾向于选择"高性价比"，"高质量"的中国手机。

阿里巴巴、华为、中兴、联想、腾讯……如今，外国人能叫得上[3]名字的中国品牌越来越多，中国品牌总体形象在提升。

迈向更高

中国正在致力于推动"海陆空"立体式的高端制造服务。

2013年12月21日，中国成功将玻利维亚"图帕克·卡特里"号卫星发射升空并送入预定轨道。据了解，这个价值3.02亿美元的项目，主要资金来自中国国家开发银行的贷款，采用中国产的"东方红4号"卫星平台。统计显示，截至2015年，中国航天科技累计为国际用户提供了39次商业发射，为亚洲、欧洲、非洲、美洲、大洋洲22个国家和地区送去了航天技术的先进成果。

2015年6月18日，由中国中铁二院工程集团有限责任公司参与投标的俄罗斯首条高速铁路的规划设计合同在圣彼得堡正式签署，这既是中国高铁走出国门的大单，也是中国高铁标准的输出。2015年9月12日，以⁴航海家郑和名字命名的1.8万标准箱超大型集装箱船在上海完工并交付给承租运营方——法国达飞海运集团公司。它的命名交付，标志着中国造船跨入了世界超大型集装箱船开发、设计和建造的第一方阵。

《人民网》

중국 제품의 해외 이미지가 나날이 바뀌고 있다.

STEP 2 어휘 다지기

TRACK 32

高端	gāoduān	형 고급의
扬名	yángmíng	동 명성을 떨치다, 이름을 날리다
价廉物美	jiàliánwùměi	상품의 질이 좋고 값도 저렴하다
低端	dīduān	형 등급이 낮은, 가격대가 낮은
提升	tíshēng	동 진급하다, 진급시키다
焕然一新	huànrányìxīn	성 면모가 새롭게 달라지다
不止	bùzhǐ	동 (일정한 수량이나 범위를 초과하여) ~에 그치지 않다
巴西	Bāxī	고유 브라질 [지명]
里约	Lǐyuē	고유 리우데자네이루 [지명, '里约热内卢'의 약칭]
轨道	guǐdào	명 궤도
无人机	wúrénjī	조종사가 필요 없는 비행기, 무인기
青睐	qīnglài	명 호감, 인기, 총애
泄漏	xièlòu	동 (액체·기체 등이) 새다
泵车	bèngchē	명 펌프카
容量	róngliàng	명 용량
兆瓦	zhàowǎ	양 메가와트(megawatt)
光伏电站	guāngfú diànzhàn	명 태양광발전소
新疆	Xīnjiāng	고유 신장 [지명]
承建	chéngjiàn	동 (공사를) 도급 받다, 건축 임무를 맡다
巴黎	Bālí	고유 파리 [지명]
佰草集	Bǎicǎojí	고유 바이차오지(Herborist) [기업명]
旗舰店	qíjiàndiàn	명 플래그십 스토어, 체인점
本格拉	Běngélā	고유 벵겔라 [지명]
横贯	héngguàn	동 (산천·하류·도로 등이) 가로지르다, 횡관하다, 관통하다
安哥拉	Āngēlā	고유 앙골라 [지명]
新西兰	Xīnxīlán	고유 뉴질랜드 [지명]
澳大利亚	Àodàlìyà	고유 오스트레일리아, 호주 [지명]
洁净煤	jiéjìngméi	명 청정 석탄
性价比	xìngjiàbǐ	명 가성비, 가격대비 성능, 기능과 가격이 형성한 비율

STEP 2 어휘 다지기

智能手机	zhìnéng shǒujī	명 스마트폰
山寨	shānzhài	명 모조품, 가짜
劣质	lièzhì	형 낮은 품질의
玻利维亚	Bōlìwéiyà	고유 볼리비아 [지명]
阿里巴巴	Ālǐbābā	고유 알리바바(Alibaba) [기업명]
华为	Huáwéi	고유 화웨이(HUAWEI) [기업명]
中兴	Zhōngxīng	고유 중싱(ZTE) [기업명]
联想	Liánxiǎng	고유 롄샹(Lenovo) [기업명]
腾讯	Téngxùn	고유 텅쉰(Tencent) [기업명]
卫星	wèixīng	명 위성, 인공 위성
发射	fāshè	동 쏘다, 발사하다
升空	shēngkōng	동 공중으로 날아오르다
投标	tóubiāo	동 경쟁 입찰하다
圣彼得堡	Shèngbǐdébǎo	고유 상트페테르부르크 [지명]
签署	qiānshǔ	동 정식 서명하다
集装箱船	jízhuāngxiāngchuán	명 컨테이너선
承租	chéngzū	동 임차하다, 세내다
造船	zàochuán	동 선박을 건조하다, 배를 만들다, 조선하다
跨入	kuàrù	동 진입하다, 들어서다

STEP 3 문장 따라잡기

1 同样是智能机，小米用起来很方便，价格却比苹果要便宜得多。

같은 스마트폰이지만 '샤오미'는 사용이 편리하고 가격도 아이폰보다 훨씬 저렴하다.

- '比'자 구문은 'A는 B보다 ~하다'라는 뜻의 '정도의 차이'를 설명하는 문장으로, 개사 '比'가 비교 대상을 이끈다. '比'자 구문의 기본 구조는 'A比B+형용사/동사'이며, 여기서 A는 비교주체, B는 비교대상, '형용사/동사'는 비교결과를 나타낸다.

  他比我来得早。 그는 나보다 일찍 왔다. [일반 비교문]

- 비교결과 뒤에 '一点儿' '一些'를 더하여 '정도의 차이가 그리 크지 않음'을 나타낼 수 있다. 비교결과 뒤에 '多了' '得多' '得远'과 같은 보어를 더하여, '정도의 차이가 상당히 큼'을 강조할 수 있다. 비교결과 뒤에 수량보어를 더하여, '구체적인 차이'를 설명할 수도 있다.

  他比我来得早一点儿。 그는 나보다 좀 일찍 왔다. [차이가 크지 않음]

  他比我来得早多了。 그는 나보다 많이 일찍 왔다. [차이가 상당히 큼]

  他比我早来五分钟。 그는 나보다 5분 일찍 왔다. [구체적인 차이]

  他比我来得早五分钟。(×) → 상태보어와 수량보어는 함께 오지 못함

- '比'자 구문의 부정은 일반적으로 '没(有)'를 쓴다.

  地铁比公交车快。 지하철이 버스보다 빠르다.

  公交车没有地铁快。 버스는 지하철만큼 빠르지 않다.

- 이외에 비교문의 부정으로 '不如'와 '不比'를 쓸 수도 있다. 'A不如B'는 'A没有B'와 같은 뜻으로 쓰인다. 'A不比B'는 'A와 B는 비슷하다' 또는 차이는 미묘하지만 'A는 B보다 못하다' 'A는 B보다 ~하지 않다'라는 의미도 가지고 있다.

  我的房间不如你的大。 = 我的房间没有你的大。 내 방은 네 방만큼 크지 않다. [내 방이 작다]

  我的房间不比你的大。 내 방은 네 방보다 크지 않다. [내 방이 작거나 비슷하다]

2 这也让越来越多的国外消费者倾向于选择"高性价比"，"高质量"的中国手机。

따라서 점점 더 많은 해외 소비자들이 가성비가 좋고 고품질의 중국 핸드폰을 선택하고 있다.

- 한 문장에 두 개 이상의 술어가 나오고, 첫 번째 술어의 목적어가 두 번째 술어의 주어 역할을 겸

하는 문장을 겸어문이라고 한다. 겸어문의 첫 번째 동사는 '请' '让' '叫' 등과 같이 '~하게 하다'라는 의미를 가진 사역동사가 주로 쓰인다. 'A+让B+동사' 구문은 'A가 B로 하여금 ~하게 하다'라는 의미로, '让' 대신에 '叫'를 쓸 수도 있다. '请'은 '让' '叫'와 달리 부탁의 어기가 강하다. 겸어문의 기본 형식은 '주어1+술어1(请/让/叫 등)+겸어(목적어이면서 주어2)+술어2'이다.

爸爸叫我去超市买东西。 아빠는 나에게 슈퍼마켓에 가서 물건을 사오라고 했다.

小王不让我告诉你那件事。 샤오왕은 나에게 그 일을 네게 알려주지 말라고 했다.

我们请她描述一下她业余时间都在做什么。 우리는 그녀에게 여가 시간에 무엇을 하는지 말해 달라고 청했다.

我们请你们把时间给我们延长一点。 우리에게 시간을 좀 연장해 줄 것을 여러분께 부탁드립니다.

3

阿里巴巴、华为、中兴、联想、腾讯……如今，外国人能叫得上名字的中国品牌越来越多。

알리바바, 화웨이, 중싱, 렌샹, 텅쉰 등 현재 외국인들 사이에서 언급되는 중국 브랜드가 점점 늘어나고 있다.

- 가능보어란 동작이나 행위가 '어떤 결과나 상황에 도달할 수 있는지의 여부'를 보충 설명하는 성분이다. '동사+得/不+上'은 가능보어 구문으로 동작·행위의 실현 가능 여부를 나타낸다.

中国的部分技术已经跟得上美国、日本了。 중국의 일부 기술은 이미 미국과 일본에 견줄만하다.

没有任何国家比得上自己的国家。 어떤 나라도 모국에 비할 수는 없다.

这样的表现手法，评委们看得上看不上？ 이런 표현 방법을 심사위원들이 마음에 들어 할까, 아닐까?

她的表演水平赶得上专业演员了。 그녀의 연기 실력은 전문 배우에 견줄만하다.

4

以航海家郑和名字命名的1.8万标准箱超大型集装箱船在上海完工并交付给承租运营方——法国达飞海运集团公司。

항해가 정허(郑和)의 이름을 딴 1.8만 톤급 초대형 컨테이너선이 상하이에서 준공되어 임대 운행사인 프랑스 CMA CGM에 인도되었다.

- '以……命名'은 '~으로 이름 짓다' '~으로 명명하다'라는 뜻이다. 비교적 정중한 서면어에 많이 쓰인다.

中国自古以来，不少地名是以人物名来命名的。 옛날부터 중국의 많은 지명이 인물의 이름을 따서 지어졌다.

"南极世宗科学基地"是以朝鲜王朝时期的世宗大王命名。
'남극세종과학기지'는 조선왕조 세종대왕의 이름을 따서 지어졌다.

这部机器是以其发明者的名字命名的。 이 기계의 명칭은 발명가의 이름을 따서 명명하였다.

STEP 4 실력 키우기

1 주어진 상황에 근거하여 알맞은 문장으로 바꾸시오.

> '比'를 사용하여 비교문으로 바꾸기

1. 一班20名学生，二班25名学生。
   → _____

2. 他昨晚11点睡的觉，他妻子12点半才睡。
   → _____

3. 我花了100块钱，他只花了70块钱。
   → _____

4. 我拿了2个苹果，他却拿了4个。
   → _____

5. 他去年来的，我是前年来的。
   → _____

6. 今天的最高气温是20度，昨天是18度。
   → _____

7. 他朋友做作业用了1个小时，他却用了四个小时。
   → _____

8. 我的学习成绩比较好，他的学习成绩更好。
   → _____

9. 妹妹很善良，可是哥哥却不怎么样。
   → _____

10. 这趟车6点到的，可预定时间是5点到。
    → _____

'没有' '不如' '不比'를 사용하여 부정문으로 바꾸기

11. 我不太会写文章，他很会写文章。
    → _____

12. 这个包小，那个包大，可是两个包差不多重。
    → _____

13. 人们一般都认为品牌店里的东西会贵很多，实际上也就比一般店里贵一点儿。
    → _____

14. 今年我们公司生产量150吨，他们公司的生产量130吨。
    → _____

15. 我以为他高我矮，比了以后才知道，我高。
    → _____

16. 3月海南热，北京不太热。
    → _____

17. 小王的成绩95分，小张的成绩90分。
    → _____

18. 他们的日子过得好，我们的日子也过得好。
    → _____

 보기에서 알맞은 단어를 찾아 괄호를 채우시오.

보기	跟得上 赶得上 谈得上 吃得上 用得上
	称得上 顾得上 算得上 戴得上戴不上 穿得上穿不上

1. 没有人(　　　)他在事业上的成就。
2. 她又拿了两块金牌，(　　　)好运动员。
3. 他的本事(　　　)他哥哥了。
4. 他最多只能写出自己的名字，哪里(　　　)写信。

5. 十二点半以前赶回去还( )饭。

6. 这件衣服有点小，你的孩子( )?

7. 谢谢你，我将把这条消息记住，或许日后( )。

8. 你这么不负责，还能( )大夫吗?

9. 这个帽子太小，你( )?

10. 这两天不太忙，还能( )孩子。

3 제시어를 사용하여 작문하시오.

请 / 让 / 叫

1. 내 시험 성적이 엄마를 기쁘게 했다.
   →

2. 엄마가 나에게 방을 청소하라고 했다.
   →

3. 나는 그에게 집에 와서 식사를 하도록 청했다.
   →

4. 나는 네가 이렇게 하도록 할 수 없다.
   →

5. 죄송합니다, 오래 기다리게 했습니다.
   →

以……命名

6. 이 대학은 조지 워싱턴의 이름을 따서 명명하였다.
   →

7. 그의 손자 이름은 그의 이름을 따서 지어졌다.
   →

8. 중산루는 위인 손중산의 이름을 따서 명명하였다.
   → _____

9. 이 길은 제1차 세계대전의 한 영웅의 이름을 따서 명명하였다.
   → _____

4 다음 지문을 읽고 제시된 내용이 맞으면 V, 틀리면 X를 표하시오.

> 从"中国制造"到"中国智造"：长期以来，中国在全球产业链的分工中，更多是充当一个制造者，而不是创造者和设计者。这也造成"中国制造"虽然遍布世界，实体经济的整体盈利却不高的现实。有人说中国产业在国际分工中就像一个微笑型曲线一样，一端是研发、专利、品牌标准制定；另一端是市场营销、服务，两段附加值高，中间是加工制造，附加值低，中国大量的企业集中在中间这块。所以，急需的是制造业必须从中低端的代工生产向高端"智造"发力。
>
> 现在经济转型过程中，中国政府在重视"中国制造"的同时，更加重视"中国智造"，在政策上支持产业核心技术的研发，加快科研成果的转化，越来越多的"中国制造"正逐步向"中国智造"转化。曾经，在外国人的眼中，长久以来中国市场给人带来的印象就像是一座为全球公司生产和加工产品的"大工厂"，各种贴着"中国制造"标签的产品从这里走向海外市场，却几乎没有什么东西带有自主创意和领先优势。但在今天，这种情况已经开始发生改变。我们可以自豪地说，既可以产出优质的"中国制造"，更可以创出独特的"中国智造"。《中国经济网》

1. 过去在全世界产业链的分工中，中国充当一个创造者。☐

2. 在全球产业链的三段分工中，中国集中在加工制造的中间阶段，附加值低。☐

3. 现在中国在重视"中国制造"的同时，更加重视"中国智造"。☐

4. 今天，中国不仅可以产出优质的"中国制造"，而且可以创出独特的"中国智造"。☐

5 다음 주제에 대하여 중국어로 토론하시오.

你如何理解中国在经济转型过程中的"中国制造"到"中国智造"的过程？你认为中国产品有什么变化？

뉴스가 보이는 연관 단어

경제 용어 2

TRACK 33

中国制造2025 Zhōngguó Zhìzào èr líng èr wǔ

중국제조 2025프로젝트. 독일의 공업 4.0과 미국의 제조업 관련 정책에 대한 중국의 대응책으로, 2025년까지 중국이 '제조대국'에서 '제조강국'으로 성장하기 위한 제조업 육성전략이다. 노동집약형 제조업에서 벗어나 기술 집약형 스마트 제조업 강국으로 도약하겠다는 중국 정부의 의지가 반영되었다.

"中国制造2025"一直被视为中国版的工业4.0，它的出台给中国制造业带来新的企盼和目标。

《易界网》2016.11.08.

'중국제조 2025프로젝트'는 중국판 공업 4.0으로, 출범됨에 따라 중국제조업에 새로운 기대와 목표를 제시했다.

特别提款权 tèbié tíkuǎnquán

특별인출권(special drawing right, SDR). 국제통화기금(IMF)의 공적 준비자산으로, IMF에 출자금을 낸 가맹국은 국제수지가 악화됐을 때 무담보로 외화를 인출할 수 있는 권리를 갖는다. SDR은 금이나 달러의 뒤를 잇는 제3의 통화로 간주되고 있다. 2016년 10월 1일부터 중국 위안화가 국제통화기금의 특별인출권 통화 바스켓에 정식 편입됐다.

昨天(10月1日)起，人民币正式加入国际货币基金组织特别提款权(SDR)货币篮子，人民币由此向国际储备货币再进一步，人民币国际化迎来重要里程碑。

《央广网》2016.10.02.

어제(10월 1일) 날짜로 위안화는 정식으로 IMF의 특별인출권(SDR) 통화 바스켓에 편입되었다. 이로써 위안화는 국제준비통화로 한 발 나아가는 동시에 위안화 국제화의 중요한 이정표를 맞이했다.

本土品牌逆袭 běntǔ pǐnpái nìxí

토종 브랜드의 역습. 자동차, 스마트폰 등의 분야에서 중국 토종 브랜드(**本土品牌**)의 시장점유율이 빠르게 확대되는 현상을 말한다.

中国化妆品市场破2000亿，本土品牌"逆袭"势头明显：国家统计局近日公布的数据显示，2015年国内化妆品零售额达2049亿元，中国已成为全球最大的化妆品市场之一。

《新华网》2016.01.21.

중국 화장품 시장 2,000억 돌파, 토종 브랜드의 '역습' 추세가 두드러진다. 국가 통계국이 최근 발표한 데이터에 따르면, 2015년 중국 화장품 소매 판매 규모는 2,049억 위안으로 중국은 이미 세계 최대 화장품 시장 중 하나가 되었다.

경제 용어 2

共享经济 gòngxiǎng jīngjì

공유경제(Shared Economy). 이미 생산된 제품을 여럿이 함께 공유해서 사용하는 협력 소비경제

共享经济最大的价值不在于具体分享了什么产品，而是强调合作和参与的理念。

《证券日报》2016.11.19.

공유경제의 최대 가치는 구체적으로 어떤 제품을 공유했는가보다 협력과 참여의 이념을 강조하는 데에 있다.

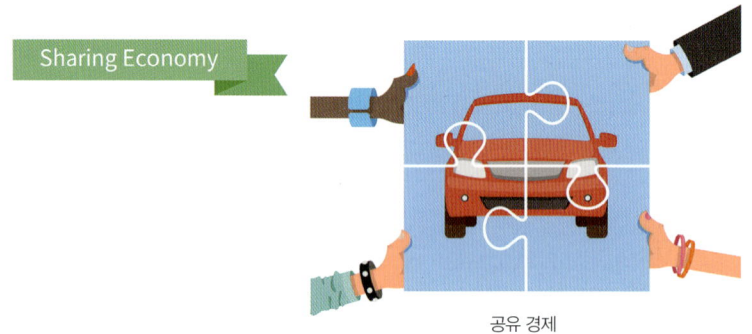

공유 경제

经济停滞 jīngjì tíngzhì

경기 침체, 경제 둔화

国际货币基金组织(IMF)警告称，漫长的缓慢增长期，令全球经济更多地暴露在负面冲击之下，使全球经济停滞风险增加。

《腾讯财经》2016.04.13.

IMF는 오랜 성장세 둔화는 전 세계 경제에 더 많은 부정적 충격과 글로벌 경기 침체 리스크 증가를 가져다줄 것이라고 경고했다.

并购 bìnggòu

인수 합병하다

今年前三季度，中国企业的跨境并购交易规模大概同比增长了1.6倍，占全球跨境并购交易的20%左右，前三季度，中国买家出境并购金额在1500亿美元左右。

《证券日报》2016.11.18.

올해 1~3분기 중국 기업의 해외 인수 합병 규모는 동기대비 1.6배 증가하여 전 세계 해외 인수 합병의 20% 정도를 차지했다. 1~3분기 중국이 매입한 해외 인수 합병 금액은 약 1,500억 달러에 달한다.

| 뉴스 읽기 | 어휘 다지기 | 문장 따라잡기 | 실력 키우기 | 뉴스가 보이는 연관 단어 |

중국의 사회

关于全面建成小康社会

전면적인 샤오캉 사회 실현에 대하여

연관 단어
제13차 5개년 계획, 4개 전면, 두 개의 100년, 샤오캉 사회, 네거티브 리스트, 두 자녀 정책

현재 중국의 최우선 정책 목표는 2020년까지 전면적인 샤오캉 사회를 실현하는 것이다. 이는 〈두 개의 100년〉 중 첫 번째 달성 목표이자, 중국이 강조하는 '중화민족 부흥'에 있어서 중요한 이정표이기도 하다. 지금 중국은 모든 자원을 결집하여 13.5계획에서 그린 전면적 샤오캉 사회 건설의 청사진을 현실로 이루려고 노력하고 있다. 본문을 통해 샤오캉 사회는 구체적으로 무엇을 가리키며, 이 목표를 위해 노력하고 있는 중국의 현주소를 살펴보자.

STEP 1 뉴스 읽기

关于全面建成小康社会

TRACK 34

　　中国共产党的十八大提出了到2020年全面建成小康社会的奋斗目标。这个宏伟目标，是"两个一百年"奋斗目标的第一个百年奋斗目标，是中华民族伟大复兴征程上的又一座重要里程碑。全面建成小康社会，在"四个全面"战略布局中居于引领地位。党的十八届五中全会对全面建成小康社会进行了总体部署，发出了向全面建成小康社会目标冲刺的新的动员令。当前，全党全国各族人民最重要的是树立起攻坚克难的坚定信心，凝聚起推进事业发展的强大力量，把"十三五"规划描绘的全面建成小康社会宏伟蓝图变成现实。

　　改革开放之初，邓小平同志首先用"小康"来诠释中国式现代化，明确提出到20世纪末"在中国建立一个小康社会"的奋斗目标。在全党全国各族人民共同努力下，邓小平同志提出的目标在20世纪末如期实现，人民生活总体上达到小康水平。在这个基础上，党的十六大提出本世纪头20年全面建设惠及十几亿人口的更高水平的小康社会的目标；党的十七大提出了全面建设小康社会的新要求；党的十八大对全面建设小康社会目标进行了充实和完善，将[1]"全面建设小康社会"调整为"全面建成小康社会"，顺应了人民的新要求。

30多年来，我们党始终紧紧扭住² 这个奋斗目标，一茬接着一茬干，一棒接着一棒跑，推动小康社会建设取得了显著成绩。党的十八届五中全会顺应我国经济社会新发展和广大人民群众新期待，赋予"小康"更高的标准、更丰富的内涵。全面建成小康社会，更重要、更难做到的是"全面"。"小康"讲的是发展水平，"全面"讲的是发展的平衡性、协调性、可持续性。习近平总书记强调，如果到2020年我们在总量和速度上完成了目标，但发展不平衡、不协调、不可持续问题更加严重，短板更加突出，就算不上真正实现了目标。

全面小康，覆盖的领域要全面，是五位一体全面进步的小康。全面小康社会要求经济持续健康发展，人民民主不断扩大，文化软实力显著增强，人民生活水平全面提高，资源节约型、环境友好型社会建设取得重大进展。这是一个整体性目标要求，它们之间相互联系、相互促进、不可分割。无论³ 任何一个方面发展滞后，都会影响全面建成小康社会目标的实现。要在坚持以经济建设为中心的同时，全面推进经济建设、

중국공산당 제18차 전국대표대회

政治建设、文化建设、社会建设、生态文明建设，促进现代化建设各个环节、各个方面协调发展。

　　过去有一种看法认为，一些矛盾和问题是由于经济发展水平低、老百姓收入少造成的，等经济发展水平提高了、老百姓生活好起来了，社会矛盾和问题就会减少。现在看来，不发展有不发展的问题，发展起来[4]有发展起来的问题，而发展起来后出现的问题并不比发展起来前少，甚至更多更复杂了。实现全面建成小康社会奋斗目标，要通过着力转方式解决发展质量和效益问题，通过着力补短板解决发展不平衡问题。

《人民日报》

STEP 2 어휘 다지기

TRACK 35

奋斗	fèndòu	동 (목적을 달성하기 위해) 분투하다
宏伟	hóngwěi	형 웅장하다, 웅대하다, 장엄하다
复兴	fùxīng	동 부흥하다
征程	zhēngchéng	명 정도, 노정
里程碑	lǐchéngbēi	명 이정표, 기념비적 사건, 역사상 이정표가 되는 사건
引领	yǐnlǐng	동 인도하다, 이끌다
冲刺	chōngcì	동 (일·공부에서) 막판 힘내기를 하다
动员令	dòngyuánlìng	명 동원령
攻坚	gōngjiān	동 난관을 뛰어넘다, 어려운 문제를 해결하다
凝聚	níngjù	동 응집하다, 모으다, 모이다
描绘	miáohuì	동 묘사하다, 그리다
蓝图	lántú	명 (미래의) 계획, 미래상, 청사진
如期	rúqī	부 예정대로, 기한 내에
惠及	huìjí	동 혜택이 미치다
顺应	shùnyìng	동 순응하다, 적응하다
茬	chá	명 (농작물의) 그루터기, 밑동
一茬接着一茬干	yì chá jiēzhe yì chá gàn	차례차례 계속 해나가다
一棒接着一棒跑	yí bàng jiēzhe yí bàng pǎo	차례차례 이어서 달리다
赋予	fùyǔ	동 (중대한 임무나 사명을) 부여하다, 주다
平衡	pínghéng	형 균형이 맞다, 균형잡히다
协调	xiétiáo	형 어울리다, 조화롭다
分割	fēngē	동 분할하다, 갈라서 나누다
滞后	zhìhòu	동 정체하다, 낙후하다
着力	zhuólì	동 힘을 쓰다, 애쓰다

STEP 3 문장 따라잡기

1 将"全面建设小康社会"调整为"全面建成小康社会"，顺应了人民的新要求。

'전면적인 샤오캉 사회 건설'을 '전면적인 샤오캉 사회 실현'으로 조정하며 국민의 새로운 요구에 부응했다.

- 개사 '将'은 '~을'이라는 뜻으로 '把'와 같이 목적어를 동사 앞으로 전치시키는 역할을 한다. 주로 서면어에 쓰인다.

    中国将"2020年全面建成小康社会"定为奋斗目标。
    중국은 '2020년 전면적인 샤오캉 사회 실현'을 분투 목표로 정했다.

    我们将调查结果尽快呈报上级。 조사 결과를 되도록 빨리 상부에 보고하겠습니다.

    国会议员们将预算案提交国会。 국회의원들은 예산안을 국회에 상정하였다.

- 부사 '将'은 동작이나 어떤 상황이 곧 발생할 것임을 나타낸다. 술어 앞에 놓여 '곧 ~할 것이다' '~일 것이다'라는 뜻으로 미래에 대한 추측과 판단을 나타낸다. 주로 서면어에 쓰인다.

    中国将努力实现建成小康社会的目标。
    중국은 샤오캉 사회 실현 목표를 위해 노력할 것이다.

    将进一步完善游客不文明行为记录管理办法。
    부적절한 행위를 한 여행객 기록 관리방법을 한층 더 개선할 것이다.

    公司承诺将提供给您合理的薪金、奖金及全部社会保险待遇。
    회사는 당신에게 합리적인 연봉과 상여금 및 사회보험을 모두 제공할 것을 약속했습니다.

2 30多年来，我们党始终紧紧扭住这个奋斗目标，一茬接着一茬干，一棒接着一棒跑，推动小康社会建设取得了显著成绩。

30여 년간 중국공산당은 시종일관 이 목표를 향해 한 단계씩 차례차례 바통을 이어받아 달려와 샤오캉 사회 건설에 괄목할만한 성과를 거두었다.

- '동사+住' 결과보어 구문은 사람이나 사물의 위치가 어떤 동작을 통해 고정됨을 의미한다.

    出租车司机一看红灯就停住了。 택시 기사는 적색 신호등을 보자마자 바로 멈추어 섰다.

    小王精明强干，抓住了财路。 샤오왕은 똑똑하고 야무져서 돈벌이 기회를 잡았다.

    司机急忙踩住刹车，但没有及时把车停住。 기사는 황급히 브레이크를 밟았지만 차를 제때에 세우지 못했다.

    我们一见面，他就紧紧握住了我的双手。 우리가 만나자마자 그는 나의 두 손을 꼭 잡았다.

3 无论任何一个方面发展滞后，都会影响全面建成小康社会目标的实现。

어느 한쪽이라도 발전이 더디면 전면적인 샤오캉 사회 건설이라는 목표 실현에 차질이 생길 수 있다.

- 접속사 '无论'은 '~을 막론하고' '~에 관계없이'라는 뜻으로, 어떤 상황이나 조건에서도 결과에는 변화가 없음을 나타낸다. 주로 뒤에 '都' '也'와 호응한다. '无论……都……' 구문은 조건관계의 복문을 만들며, '无论' 뒤에는 선택의문문이나 정반의문, 의문대사가 온다.

  无论是年轻人还是老年人，都喜欢使用智能手机。
  젊은이든 노인이든 모두 스마트폰을 즐겨 사용한다.

  无论天气冷不冷，她都坚持锻炼身体。
  날씨가 춥든 춥지 않든 그녀는 신체단련을 게을리하지 않는다.

  无论如何，我都要找个好工作。
  어떻게 해서든 나는 좋은 일자리를 찾을 것이다.

4 不发展有不发展的问题，发展起来有发展起来的问题，而发展起来后出现的问题并不比发展起来前少，甚至更多更复杂了。

발전 못 하면 발전 못 하는 데서 생기는 문제가 있고, 발전하면 또 거기에 따라 생기는 문제가 있다. 발전 후에 발생하는 문제는 발전 전에 비해 적지 않고, 심지어 더 많아지고 복잡해졌다.

- '동사/형용사+起来'는 동작이나 상태가 시작되어 계속됨을 나타낸다.

  改革开放后经济发展了，老百姓的生活也好起来了。[형용사+起来]
  개혁개방 이후 경제가 발전하면서 서민들의 생활도 좋아지기 시작했다.

  最近物价平步登天地涨起来了。[동사+起来]
  최근 물가가 급격하게 오르기 시작했다.

  考上北大的喜讯传来，人们立刻欢腾起来。[동사+起来]
  베이징 대학에 합격했다는 기쁜 소식이 전해오자, 사람들이 기뻐 환호했다.

  春天到了，天气也热起来了。[형용사+起来]
  봄이 되자 날씨도 따뜻해지기 시작했다.

STEP 4 실력 키우기

1 다음 문장에서 '将'의 품사(개사/부사)를 쓰고, 해석하시오.

1. 我将他当作我的良师益友。
   →

2. 他们明天将游览北京的名胜。
   →

3. 一系列纪念活动将在全国各地陆续展开。
   →

4. 他将钱和药方交给了我。
   →

5. 最长停留期也将从30天延长至90天。
   →

6. 今年必将再次掀起中国人出境旅游的热潮。
   →

7. 将房间收拾干净。
   →

2 다음 '동사+住' 결과보어 구문으로 이루어진 문장을 해석하시오.

1. 我再说一遍，好让你们记住。
   →

2. 抱歉，我没记住您的名字，只记住了您的姓。
   →

3. 有人从后面抓住她，她不可能脱身。
   →

4. 孩子跑过来，在我面前停住了。
   →

5. 下雪了路很滑，但他还是站住了脚，没滑倒。
   →

6. 我紧紧抓住车把，认真练习开车。
   →

7. 今天会上她的话太过分了，但我也没能阻止。
   →

8. 韩国足球队看住了球门，终于获胜。
   →

3 제시어를 사용하여 작문하시오.

无论……也/都……

1. _____，都能看到尊老爱幼的牌子。
2. _____，没有亲朋好友一起分享也是不会幸福的。
3. _____，都必须全部参加这次活动。
4. _____，他们都不相信我的话。
5. _____，他也总是穿这么多。
6. _____，她都非常认真。
7. _____，他都从不缺课。

동사/형용사+起来

8. 시험이 가까워지자 학생들은 바빠졌다.
   →

9. 봄이 되자 날씨가 따뜻해졌다.
   →

10. 그녀의 한마디에 사람들은 웃음을 터뜨렸다.
    →

11. 왕 선생의 상점은 개점하자마자 번창하기 시작했다.
    →

12. 방금까지도 날이 맑더니 지금 갑자기 비가 내리기 시작했다.
    →

13. 방학이 되자 그는 아이들에게 중국어를 가르쳤다.
    →

4 다음 지문을 읽고 질문에 답하시오.

> 全面建设小康社会的十个基本标准：一是人均国内生产总值超过3000美元。这是实现全面建设小康社会目标的根本标志。2000年，我国人均国内生产总值为854美元。按照国内生产总值翻两番的发展速度测算，到2020年，我国人均国内生产总值将超过3000美元，达到当时中等收入国家的平均水平。二是城镇居民人均可支配收入1.8万元。三是农村居民家庭人均纯收入8000元。四是恩格尔系数低于40%。五是城镇人均住房建筑面积30平方米。六是城镇化率达到50%。七是居民家庭计算机普及率20%。八是大学入学率20%。九是每千人医生数2.8人。十是城镇居民最低生活保障率95%以上。

1. 全面建设小康社会目标的根本标志是什么？
2. 按照测算，中国什么时候能达到中等收入国家的平均水平？
3. 全面建设小康社会的基本标准中，居民家庭计算机普及率是多少？

5 다음 주제에 대하여 중국어로 토론하시오.

你如何理解中国的小康社会？如何理解全面建设小康社会的十个基本标准？

뉴스가 보이는 연관 단어

국가발전계획

TRACK 36

十三五规划 shí sān wǔ guīhuà

제13차 5개년 계획. 2016~2020년 향후 5년간의 중국 경제발전 목표와 방향을 제시하는 5개년 경제계획이다. 중국의 '5개년 계획'은 국민 경제발전의 중·장기적 목표와 방향을 설정하는 핵심축으로, 지난 1953년 '제1차 5개년 계획'을 시작으로 현재 제13차 5개년 계획이 진행 중이다. 이번 5개년 계획의 특징은 '중고속 성장, 혁신경제, 지역특화 개발전략, 능동적 개방, 동반 성장' 등 5가지로 대표된다.

"十三五(规划)"时期是我国全面建成小康社会的决胜阶段，是"三步走"建设制造强国的开局阶段，也是钢铁工业结构性改革的关键阶段。　《中国网》2016.11.14.

제13차 5개년 계획 기간은 중국의 전면적인 샤오캉 사회 실현 마지막 단계이다. '3단계' 제조 강국 건설의 시작 단계이자 철강 산업 구조 개혁의 핵심 단계이다.

四个全面 sì gè quánmiàn

4개 전면. 시진핑 중국 국가주석이 2015년 전인대에서 제시한 새로운 중국 통치 사상이자, 현재 중국 공산당의 국가 목표이다. 구체적으로는 전면적인 샤오캉 사회 건설(全面建成小康社会), 전면적인 개혁 심화(全面深化改革), 전면적인 법치 추진(全面依法治国), 전면적이고 엄격한 당 정비(全面从严治党)' 등 네 가지이다.

近来，一首"四个全面"动漫说唱MV进入人们视线，在网络上广泛流传。这是新华社全媒报道平台的一个新媒体作品，从百姓视角、以网民喜闻乐见的方式解读重大主题，不得不说是难得的创意制作。　《山东宣讲网》2016.08.31.

최근 '4개 전면' 관련 애니메이션 뮤직비디오가 사람들의 시선을 끌며 온라인에서 널리 퍼졌다. 이는 신화사 언론 보도 플랫폼의 뉴미디어 작품으로, 대중의 시각에서 네티즌이 좋아하는 방식으로 중요 주제를 해석했기에 혁신적인 창작이라고 말하지 않을 수 없다.

两个一百年 liǎng ge yì bǎi nián

두 개의 100년. 중국공산당 성립 100년(2021년)까지 전면적인 샤오캉 사회 건설, 중국국가 성립 100년(2049년)까지 부강한 사회주의 현대국가를 실현하겠다는 것으로, 중국공산당 제18기 5중전회에서 결의된 발전 목표이다.

"两个一百年"目标是几代中国共产党人带领人民，在探索中国特色社会主义建设道路过程中逐步形成的。　《紫光阁网》2016.08.04.

'두 개의 100년' 목표는 몇 세대의 중국공산당 지도자들이 국민을 이끌어 중국 특색 사회주의를 건설하는 과정에서 점차 형성된 것이다.

국가발전계획

小康社会 xiǎokāng shèhuì

샤오캉 사회. 의식주를 걱정하지 않는 물질적으로 안락한 사회. 국민 다수가 중산층이 되어 복지를 누리는 중진국 상태를 말한다. 샤오캉 사회 도달 여부에 따라 지도부의 역사적 평가가 결정되기 때문에 중국 5세대 정치인의 최대 과제이다. 핵심 내용은 민생보장이며 동시에 빈부 격차, 산업구조 문제의 개선 및 개혁이고, 구체적인 정책과제로는 소득 증가, 내수소비 확대, 지역 균형발전, 의료보장 등이 있다.

中国已经进入全面建成小康社会的决定性阶段。实现这个目标是实现中华民族伟大复兴中国梦的关键一步。
《人民网》2016.11.14.

중국은 이미 전면적 샤오캉 사회 건설의 결정적 단계에 진입했다. 이 목표를 실현하는 것은 중화민족의 위대한 부흥을 의미하는 '중국의 꿈'을 실현하는 결정적인 한 걸음이다.

负面清单 fùmiàn qīngdān

네거티브 리스트(Negative List). 중국 정부가 외국인의 투자금지(제한) 업종, 분야, 업무 등을 명시하고 나머지 업종, 분야, 업무에 대한 외국인의 투자를 허용하는 방식. 중국은 2013년 9월 '상하이자유무역시범구(上海自由贸易试验区)'를 출범하면서 최초로 '네거티브 리스트' 시행을 발표했고, 그 후로 매년 제한 범위를 축소, 시장을 개방하고 있으며 2018년까지 전국으로 확대 적용할 전망이다.

此次发布的"负面清单"，包括市容环境管理类、施工管理类、市场管理类、社会服务类等13个门类100种问题。
《武汉晚报》2016.11.11.

이번에 발표한 '네거티브 리스트'에는 도시 환경 관리, 시공 관리, 시장 관리, 사회 서비스 등 13개 분야 100종의 문제가 포함되어 있다.

全面二孩 quánmiàn èrhái

지금까지 실시해 온 '한 자녀 정책'을 폐지하고 출신 지역, 거주 구역, 민족에 상관없이 중국의 모든 부부가 두 자녀까지 두는 것을 인정하는 정책

2015年10月29日，中共十八届五中全会宣布"全面放开二孩政策"，实施一对夫妇可生育两个孩子政策，积极开展应对人口老龄化行动。
《新京报》2016.11.11.

2015년 10월 29일, 중국공산당 제18차 5중전회는 '두 자녀 정책 전면 개방'을 선포했다. 한 쌍의 부부가 두 자녀를 출산할 수 있는 정책으로, 인구 고령화에 대한 적극적인 대응책이다.

부록

본문해석 176

모범답안 189

단어색인 195

본문해석

1. 한국 여행 갈 때 중국인이 가장 많이 검색하는 키워드는 '한국영화'

한국 언론 보도에 의하면 한국관광공사가 17일 공개한 자료에서와 같이 외국인 관광객이 한국 여행 관련 정보를 검색할 때 가장 많이 찾는 중국어 키워드는 바로 '한국영화'이고, 영어 키워드는 '동대문 시장', 일본어 키워드는 '한국요리'인 것으로 나타났다.

보도에 따르면 작년 한국관광공사가 해외 주요 인터넷 검색엔진인 구글(영어), 바이두(중국어), 야후 재팬(일본어)을 대상으로 이용자가 한국 여행 관련 정보를 검색할 때 사용하는 키워드에 대해 분석한 결과 위와 같이 나타났다.

중국어 검색 키워드는 '한국영화'에 이어 롯데면세점, 연예계 뉴스, 한국 예능프로그램, 한국 비자, 서울 날씨, 그리고 한국 여행비용 등이 뒤를 이었다. 중국에서 한류의 인기 및 중국인의 한국 자유여행 트렌드를 알 수 있는 부분이다.

영어 검색 키워드 순위는 '동대문 시장'에 이어 한국 드라마, 김치, 강남, 비무장지대 순이며, 일본어 검색엔진에서는 '한국요리'가 1위를 차지했고, 한국 여행과 한국드라마가 그 뒤를 이었다.

관광공사는 또한 콘서트, 관광지, 문화, 쇼핑, 숙소, 음식, 여행정보, 지역, 페스티벌, 한류 등 '10대 분야'에서 '한국여행' 관련 키워드의 검색 량을 조사했다.

그 결과 중국어 키워드 중 '한류'가 33%로 가장 큰 비율을 차지했고, 관광지 32%, 쇼핑 14%, 여행정보 14% 순이었다. 영어 키워드에서는 '쇼핑'과 '한류'가 각각 26%로 가장 많은 비율을 차지했으며, 일본어에서는 '한류' 관련 키워드가 49%에 달했다.

관광지 분야에서는 중국어 검색 키워드로 '명동'이 가장 많았고, 영어 검색 키워드는 '강남'과 '비무장지대', 일본어 검색 키워드는 '강원도'가 가장 많았다.

음식 분야에서는 중국어는 '김치'와 '불고기', 영어는 '김치'와 '고추장', 일본어는 '빙수'와 '설렁탕 레시피'가 가장 인기 있는 검색 키워드인 것으로 나타났다.

마지막으로 쇼핑 분야에서는 '면세점'이 중국어 검색 키워드 1위를 차지했으며, 영어는 '동대문시장', 일본어는 '인삼'이 가장 많이 검색하는 키워드로 조사되었다.

2. 새로운 문화를 쫓더라도 전통문화를 잊지는 말자

새로운 문화를 쫓는 것은 새로운 것을 추구하는 사람들의 천성이자 시대 발전의 필연적 현상이다. 북송(北宋) 시대 문학가 왕안석(王安石)의 〈원일(설날)〉에 따르면 "폭죽 소리 가운데 한 해가 저물고, 따스한 봄바람이 불어 술동이에 스며드네. 집집마다 아침 햇살 밝게 비치고, 모두 복숭아 부적을 새것으로 바꾸어 거네."라는 시구가 있다. 이 중 "모두 복숭아 부적을 새것으로 바꾸어 거네."라는 구절에서 춘제에 옛 것을 버리고 새로운 것을 취하는 사람들의 마음을 엿볼 수 있다. 우리가 옛 것을 버리고 새로운 것을 추구하는 것이 결코 잘못된 일은 아니다. 하지만 4천년 역사를 가진 춘제에 우리가 새로운 문화를 받아들일 때도 전통문화를 버려서는 안 된다.

오늘날 춘제에 등장한 새로운 문화에는 어떤 것들이 있을까? 웨이신 '훙바오 쟁취하기'가 그 중 하나다. 춘제 때 훙바오를 주는 것은 예부터 있었던 풍습이지만, 전통적인 훙바오 문화와 오늘날 웨이신 훙바오는 차원이 다르다. 2015년 CCTV에서 방영한 춘제 특집방송에서 웨이신 훙바오가 폭발적인 인기를 끌었다. 이날 웨이신 훙바오 거래량은 10.1억 건에 달했고, 웨이신의 '흔들기 기능' 이용 횟수는 110억 회를 돌파했다. 이후 크고 작은 명절 때면 '웨이신 모멘트'에서는 훙바오 주고받기가 이루어진다.

두 번째는 온라인을 통한 새해 인사이다. 수천 년 동안 사람들은 직접 방문하여 안부를 묻고 세배를 드리며 설을 보냈다. 묵은해를 보내고 새해를 맞이할 때, 서로 축복을 빌고 각 집을 방문하면서 시끌벅적하게 보내는 것이 중국의 고유한 새해 문화였다. 오늘날 인터넷 시대에서 우리는 온라인상에서의 거리는 가까워졌지만, 현실 속에서의 거리는 오히려 멀어졌다. 웨이신, QQ 등 메신저를 통해 극성스레 끊임없이 새해 인사를 하지만, 표현이 아무리 화려해도 예전에 서로 얼굴을 마주 보고 하던 것만큼 친밀하지도 않고, 심지어 진심도 느껴지지 않는다. 과거 선인들이 "새해에 직접 만나지 아니하고 연하장으로만 인사를 대신하니, 내 방안에 아침부터 고급 연하장만이 가득 쌓였네."라고 한 것 같이 온라인 새해 인사는 공허한 인사치레로 전락했다.

그밖에 '니엔예판(年夜饭 : 춘제 전날 가족이 함께 먹는 식사)'을 식당에서 외식으로 해결하고, 가족끼리 해외여행을 떠나는 등 춘제의 새로운 문화를 일일이 다 늘어놓지 않겠다. 이는 현대인들이 유행을 추구하는 현상이고 다원화 사회에서 우리가 서로 다른 문화를 포용해야 하는 부분이다. 하지만 '춘제 문화의 가치를 전파하고, 사람들에게 춘제에 대한 문화 인식을 강화하며, 전통문화의 소중함을 환기시키는' 관점에서 보면 이러한 새로운 문화, 새로운 놀이는 사실 춘제의 전통 의미에 대한 일종의 충격이다.

최근 몇 년간 많은 국민이 '새해맞이 분위기가 사라졌다'고 탄식하고 있지만, 그 분위기를 살리려고 함께 노력한 적이 있는가? "새 친구를 사귀어라, 그러나 옛 친구를 잊지 마라."라는 말이 있다. 춘제의 새로운 문화를 맞이하는 동시에 옛 문화도 잊지 말아야 한다. 경사스러운 전통 춘제 문화를 옹호하고 응원해야 한다. 우리 모두 마음속에 전통적인 춘제 문화에 대해 경건한 마음을 가지고 새해를 맞이한다면 그 맛이 어찌 사라질 수 있겠는가?

3 베이징 2022년 동계올림픽 개최권 획득

2015년 7월 31일, 제128회 국제올림픽위원회(IOC) 총회에서 베이징은 44표 대 40표로 카자흐스탄 알마티를 제치고 2022년 동계올림픽 개최권을 획득했다. 국제올림픽위원회 토마스 바흐 의장은 "베이징은 하계올림픽 개최에 이어 동계올림픽까지 개최하는 첫 번째 도시가 될 것입니다. 게다가 하계올림픽을 주최한 지 14년 만에 다시 동계올림픽을 개최하는 것은 역사적인 의미가 있습니다. 중국 베이징을 선택한 것은 안전한 선택이자 역사적인 선택이라고 생각합니다. 우리는 중국 베이징이 반드시 약속을 지킬 것이라 굳게 믿고 있습니다."라고 발표하였다.

베이징 동계올림픽 대표단은 "중국은 책임을 다하는 국가로서 말한 것은 반드시 실행하고, 실행한 것은 반드시 결과를 거둔다. 또한, 약속한 것은 모두 지킬 것이다."라고 선언했다. 여러 약속 중에서 2022년까지 중국 스키 인구가 3억 명 이상으로 확대될 것이라는 내용이 가장 주목을 받았다. 중국체육총국 국장 류펑은 당시 "현재 100여만 명의 청소년들이 빙설 스포츠를 즐기고 있습니다. 최근 20년간 중국 빙설 스포츠는 빠르게 성장했습니다. 20년 전 중국에 스키장은 10곳에 불과했지만 지금은 500여 개에 달합니다. 작년 허베이 성(河北省) 장자커우(张家口)에서만 스키 인구가 20% 증가했습니다."라고 언급했다.

미래 동계올림픽 개최 도시로서 베이징은 이미 앞서 나가고 있다. '제2회 베이징시민 빙설 축제'가 지난주에 시작되었고, 현재 베이징시 스키장 22곳이 모두 개장했으며, 실내외 스케이트장도 40개로 확충되었다. 시민들이 동계 스포츠와 헬스·레저를 즐길 수 있는 스노우 파크도 16곳으로 늘어났다. 또한 베이징시 체육국 국장 쑨쉐차이는 '백만 청년 빙설 스포츠 캠페인'에 베이징시 전체 130만 초중고생의 100% 참여를 추진하고 있으며, 2022년까지 베이징 동계 스포츠산업 규모는 400억에 달할 것이고, 지역마다 1,800㎡ 이상의 스케이트장을 건설할 것이며, 베이징은 36개의 실내 빙상장과 50곳의 실외 빙상장을 보유할 것이라고 밝혔다.

2022년 동계올림픽의 빙상 종목은 모두 베이징 시내에서 진행될 것이다. 베이징의 빙상 스포츠는 역사가 깊으며, 최근 경제 발전과 시대 흐름에 따라 참가자의 연령대가 낮아지고, 참여 방식이 다양해지는 추세를 보인다. 베이징시 청소년 아이스하키를 예로 들면, 비록 동북지역보다 늦게 시작했지만, 지금은 참여 인구와 경기수준에서 이미 동북지역을 역전한 상황이다.

동계올림픽이 다가오면서 그 영향력은 스포츠 분야에만 국한되지 않는다. 예를 들어 대기오염 문제는 지금 사람들이 가장 관심을 가지는 부분이다. 2022년 동계올림픽 유치팀인 중국 환경보호부 차관 자이칭은 지난 7월 쿠알라룸푸르에서 2022년까지 베이징 초미세먼지 농도를 2012년보다 45% 낮출 것이라고 발표했다. 베이징은 이미 오염이 심한 '황색표지 차량(배기가스 기준 미달 차량)' 100만여 대를 폐차했으며, 탄소배출량을 700만 톤이나 감소시켰다. 또한 실제로 올해 상반기 베이징 초미세먼지 연평균농도는 이미 2012년보다 20% 이상 감소했다. 2017년 이후 지속적으로 관련 방안을 제정할 것이며, 2022년에는 베이징 초미세먼지 연평균농도를 2012년보다 45% 감소하는 것이 목표이고, 이것은 동계올림픽 경기 시 공기의 질을 보장하는 기초 수치라고 설명했다.

여기서 잠깐 4개월 전으로 돌아가 보자. 모든 사람이 이 한마디를 기억할 것이다. 지난 3월 국제 올림픽위원회 평가단이 베이징을 시찰했을 때, 현 베이징 동계올림픽 조직위원 집행위원장이자 베이징시장인 왕안순은 당시 베이징 동계올림픽 유치 위원회 위원장을 맡고 있었다. 당시 그는 "저는 믿습니다. 지속적인 노력을 통해 APEC 블루는 영원할 것이며, 올림픽 블루 역시 올 것입니다."라는 뜻을 정중히 밝혔다.

중국 언론 보도 정규화되어 가다

뉴스 공개와 투명화는 일상적인 일이 되어야 한다. 통계에 따르면 2015년에 국무원 신문관공실, 당 중앙, 국무원 각 부처, 각 성(구, 시), 그리고 신장생산건설병단(기관명)이 공동 주최한 언론 브리핑 건수는 2014년보다 약 300여 회 증가한 2,800회에 육박해 역대 최고치를 기록했다. 중국의 언론 보도 업무는 개선을 통해 강화되고 혁신을 통해 향상되어 만족할 만한 성과를 거두었다.

시스템이 완비되고, 정기 보도가 일상화되다. "7, 8년 전, 우리는 일부 중앙 매체와 신속한 사건·사고 보도를 위한 시스템 구축 관련 협의를 체결했다. 중대 사고가 접수되자마자 언론사에 통보해 기자를 현장에 파견할 수 있도록 지원하고 있다."라며 황이 전 국가안전감독총국 대변인은 기자에게 밝혔다. 그는 2001년부터 15년간 뉴스대변인을 역임하면서 중국 대변인 시스템이 초창기에서부터 점차 완비되어 가는 전 과정을 지켜보았다.

중앙정부의 지시에 따라 현재 중국 79개 부처와 각 성(구, 시), 신장생산건설병단은 언론 보도 시스템 관련 문건을 제정했다. 이에 따라 정보 보도 체계 구축 완비, 정보 보도 책임 이행, 플랫폼과 업무 시스템 완비, 대변인의 권리 및 의무 명확화 등에 관한 명확한 규정을 세웠다.

각 중앙부처의 수장들에게 '4·2·1+N'의 언론 보도 모형은 생소하지 않을 것이다. 이는 지난해 5월 국무원 신문판공실이 거시 경제, 민생과 관계가 밀접하고 사회가 주목하는 부분이 많은 부처를 대상으로 제시한 '강제적 지시사항'이다. '4'는 분기별 최소 1회, 매년 4회 언론 브리핑을 개최해야 한다, '2'는 부처 책임자들이 국무원 신문판공실 언론 브리핑에 최소 6개월에 1회, 매년 2회 참석해야 한다. '1'은 부처 주요 책임자들이 국무원 신문판공실 언론 브리핑에 매년 최소 1회 참석해야 한다는 내용이다.

국무원 신문판공실에 따르면, 2015년에 53개 부처의 주요 책임자 또는 책임자들이 국무원 신문판공실 언론 브리핑에 참석했으며, 그 안에 발전개혁위원회, 공업정보화부, 해관총서 등 15개 부처의 수장들도 포함된다. 현재까지 6개 부처는 '4·2·1+N' 언론 보도 모형 관련 지시 사항을 이행했고, 26개 부처는 관례에 따라 언론 브리핑 규정을 세워 정기 보도가 일상화되었다.

한편 언론 보도 시스템이 정기화, 정규화되어 감에 따라 대변인 인력도 함께 성장하고 있다. 현재 68개 부처와 29개 지방의 현직 대변인은 국무원 신문판공실이 주최한 관련 교육에 참여했으며, 중앙부처 절대다수와 모든 지방 정부는 이미 국장급 이상 간부가 언론대변인을 맡고 있다.

베이징대학 국가전략미디어연구소 청만리(程曼丽) 원장은 "최근 일부 부처와 지방 정부가 기존 언론 보도 시스템 부족, 매체를 기피하던 상황에서 관련 제도 수립, 능동적인 보도, 언론 대변인 인력 강화에 이르기까지 중국의 언론 보도 영역에서 큰 성과를 거두었다."라고 말했다.

그는 또한 "현재 우리는 앞을 향해 성큼 발을 내디뎠지만, 여론의 변화를 더욱 주목해야 한다. 관련 책임자들은 언론 매체를 이해하고 매체 및 네티즌과 소통하는 법을 배워야 한다. 보도 후에 단순히 '좋아요'와 긍정적인 평가만 보지 말고 비판의 소리에도 귀를 기울여야 한다. 언론 보도는 글로벌 플랫폼에서 국내외를 연결하는데 매우 중요하다. 중국 내에서 발표하는 뉴스도 세계의 주목을 받는 경우가 많기 때문에, 언론 보도는 글로벌 플랫폼에서 국내외를 연결하는데 매우 중요하다."라고 덧붙였다.

5 중국 교육의 세 가지 아쉬운 점

국가교육자문위원회 위원이자, 중국 교육학회 상임 부회장 따이자간(戴家干)은 오늘 베이징에서 중국 대학입시 제도의 세 가지 아쉬운 점으로 각각 제도, 평가 기준, 시험 데이터의 낭비에 대해 언급했다.

중국 교육학회 고등학교전문위원회가 주최하고 인터넷 사이트 싼하오왕(三好网)이 주관하는 <2016 인터넷 플러스 개성화 교육 발전 포럼>이 오늘 개막했다. 따이자간은 여기서 교육 개혁의 선결과제는 인재양성 방식의 개혁이고, 그 다음이 입시 제도의 개혁으로 이 두 가지가 바로 중국 교육 발전의 중요한 부분이라고 지적했다. 이 말은 즉, 중국의 교육, 특히 대학 입시 제도의 교육에 있어서 분명히 세 가지 아쉬운 점이 있다는 것이다.

첫 번째는 제도적 차원에서의 아쉬움이다. "생각해 보면 중국의 제도는 대다수 사람이 성공하지 못하는 전제에서 만들어졌다. 이러한 제도는 과연 좋은 제도인가, 나쁜 제도인가? 대부분의 사람에게 있어 칭화대학에 합격하지 못하면 실패한 것이고, 명문 대학에 합격하지 못하면 실패한 것이고, '211' 선정 대학에 합격하지 못하면 실패한 것이고, '985' 선정 대학에 합격하지 못하면 실패한 것이고, 1본, 2본, 3본 대학에 합격하지 못하면 실패한 것이다. 만약 이 모든 것이 실패라면 과연 우리의 제도는 좋은 것인가, 나쁜 것인가?"라고 그는 되물었다.

두 번째는 평가 기준에서의 아쉬움이다. "우리는 항상 하나의 잣대를 가지고 사람을 평가하고, 그 잣대는 바로 시험이다. 이는 도시 학생에게 있어서든, 농촌 학생에게 있어서든 모두 어떤 면에서 아쉬운 부분이다."

세 번째는 바로 시험 데이터 낭비에 대한 아쉬움이다. "21세기에 가장 가치 있는 것은 무엇인가? 데이터 정보가 바로 그것이다. 중국 교육에 있어서 가장 부족한 부분이 바로 이러한 데이터의 낭비에 있다."라고 따이자간은 강조했다. 사람은 평생 수많은 시험을 치른다. 그 데이터들을 모두 결집한다면 학생들의 잠재력, 실행력, 사고방식 등을 알 수 있을 것이다. 하지만 현실에서 수많은 데이터는 수집, 정리되지 않았고 학생들의 잠재력도 충분히 발굴되지 못하고 있다.

그는 또한 "인터넷은 기술 도구의 혁신이자 사고방식의 혁명이며, 그것은 우리에게 필요에 따라 정보를 얻을 수 있다는 의식의 개혁을 가져왔다. 모든 아이들은 설사 쌍둥이라도 똑같이 성장하지 않는다. 그들은 사회환경, 유전자, 관심 분야까지 모두 다르다. 각기 다른 아이들의 특징을 파악하고, 특화된 교육을 시행하여 과학기술을 통해 학생들이 성장 발전할 수 있는 더 좋은 서비스를 제공하는 것이 오늘날 인터넷 시대에서 우리가 해결해야 할 문제이다."라고 덧붙였다.

중국은 한국 드라마의 진입이 두렵지 않다, 문화 차이가 걸림돌

드라마 《태양의 후예》를 아직도 못 봤다면 그야말로 전 세계에서 버림받은 것과 마찬가지이다. 요즘 웨이신 모멘트가 이 드라마로 도배되고 있다. 배우들의 뛰어난 외모와 정교한 제작 기술 외에도, 한국과 중국에서 동시 방영된 최초의 한국 드라마라는 것이 이 드라마의 특별한 점이다. 그 동안 해오던 '동시 제작' 방식을 버리고, '사전 제작'으로 제작 방식을 바꾼 것이다. 효과적인 면에서 볼 때, 이런 방식은 시장에서 빠르게 받아들여지고 있고 수익 역시 상당히 높다. 앞으로 더 많은 한국드라마가 '사전 제작' 방식을 선택하여 중국시장을 점령할 것이다.

중국시장을 재탈환한 한국드라마 《태양의 후예》, 제작·방영 방식을 바꾸다

2014년 말, 광전총국은 '한외령(외국 콘텐츠를 제한하는 명령)'을 공포했다. 동영상 사이트에서 외화를 방영할 때 반드시 '편수 제한, 콘텐츠 내용 검수, 심의 후 방영, 영상물 동시 게재'라는 네 가지 원칙을 준수해야 한다고 규정한 것이다. 즉, 2015년 4월부터 새로 방영되는 외국 드라마는 전편에 자막을 입힌 후 심의를 거쳐 심의 통과 필증을 받은 후에야 방영할 수 있게 된 것이다.

이에 따라 한국 드라마의 관권 비용은 대폭 하락했고, 중국 동영상 웹사이트에서 한국 드라마의 점유율도 확연히 떨어졌다. 시장을 다시 탈환하기 위해 한국 드라마는 지금껏 고수해오던 '동시 제작' 방식을 버리고, '사전 제작' 방식으로 바꾸었는데, 이번에 《태양의 후예》가 진정한 '한중 양국 동시 방영'을 이루었다.

드라마 내용 면에서 극 중 남녀 주인공의 빠른 관계 설정과 러브 스토리의 신속한 전개가 중국 시청자들의 입맛에 맞았고, 생활 리듬이 빠르고 시간을 쪼개어 드라마를 시청하는 중국 네티즌들의 수요도 만족시켰다. 소재 면에서도 《태양의 후예》는 마치 일부러 중국 시장에 맞게 각색한 것 같았다. 군 생활을 배경으로 한 줄거리는 송중기의 남성미를 더욱 부각시켜, 가정과 직장을 배경으로 하는 전형적인 한국 드라마 속 이웃집 오빠나 나쁜 재벌 등과 비교해 한층 더 여성 시청자의 호응을 얻을 수 있었다. 또한 《태양의 후예》는 송중기와 송혜교, 한중 양국에서 최고의 인기를 누리고 있는 톱스타를 캐스팅해 중국 시청자들의 마음을 사로잡았다.

한중 합작, 맞춤 제작, 관권 판매 등의 방법을 통해 한국 드라마는 중국 영상 산업에 전반적으로 침투하고 있다. '한외령'의 장벽을 넘기 위해 한국은 계속 변화와 돌파구를 찾고 있으며, 중국 인터넷 동영상 사이트와 영화드라마 관련 기업과의 협력도 더욱 긴밀해졌다. 중국시장을 겨냥한 맞춤형 제작 드라마도 나오고 있다.

중국은 한국 드라마의 진입이 두렵지 않다, 문화 차이가 걸림돌

한국 드라마의 대규모 습격, 우수한 제작기술, 정교한 줄거리에 중국 드라마 제작자들은 상대의 장점을 배우면서 사고방식을 전환하고 끊임없이 역량을 높이는 방법으로 직접 맞설 수밖에 없다. 그렇다고 한국의 영상 산업 종사자들의 '대륙 진출'도 결코 생각만큼 순탄하지는 않다. 한 시나리오 작가는 기자에게 "한국인이 가장 이해 못 하는 부분이 바로 중국의 심사 제도이다. 전에 한국 제작자들과 드라마 프로젝트를 논의한 적이 있는데, 극 중에 고등학생의 연애를 다룬 내용이 있었다. 한국 드라마에서 종종 등장하는 평범한 스토리지만 중국에서는 '금기' 내용이다. 이것에 대해 한참 동안 설명했지만, 완전히 이해해진 못한 것 같다."라고 말했다.

중국 작가협회 소속 유명 작가 왕하이린(汪海林)은 한국 작가에게 강의한 적이 있었는데, 한국 작가도 타고난 부족함을 훈련을 통해 향상해야 한다고 언급했다. "지금 상황에서 바로 중국시장에 진입하는 것은 아직 어려움이 있다. 심사 문제뿐만 아니라, 문화 차이도 있다. 이를테면 남녀 관계에서도 양국이 크게 다르다."라고 지적했다.

한 관계자는 한국 드라마가 지금 당장 중국시장에서 기세가 대단할지 몰라도 중국 드라마 시장에 큰 영향을 미치지 못할 것이라고 말했다. "왜 한류라고 부르겠습니까? 지나가는 바람일 뿐 결코 주류가 될 수 없습니다. 어쨌든 문화가 다릅니다. 중국 영화를 보면 아시겠지만, 비록 할리우드 영화가 아무리 인기가 좋다 해도 전체 박스오피스 순위를 보면 중국 영화가 더 높습니다. 정책적으로도 자국의 것을 더 많이 보호하고 있습니다."라고 밝혔다.

극 평론가 리싱원은 "한국 드라마가 동시 제작 방식을 버리고 100% 사전 제작 방식을 통해 중국시장을 점령하는 것은 기존의 통로가 원활하지 않은 상황에서 업계 내부의 포위망을 뚫고 활로를 모색하려는 시도이다. 그러나 만약 점점 더 많은 사람들이 들어와 기존 드라마의 발전을 저해한다면 더 많은 제한 정책이 나올 것이다."라고 말했다.

향후 5년, 중국 경제의 5대 발전 동향

향후 5년 중국 경제의 5대 발전 동향은 바로 저금리 유지, 신도시 조성 정책, 자산 보유 최소화, 채무 국유화 그리고 위안화 국제화이다. 중국 경제발전 고위급 포럼(2016) 〈중국 미래 5년 발전 동향: 차이신(財新) 브리핑〉에서 '차이신'의 전문가집단인 모니타(莫尼塔) 대표이사 겸 수석 경제학자 선밍가오(沈明高)는 중국 경제의 향후 5년은 신구 경제의 교체 과정일 것이라고 전망했다. 전반기에는 옛 경제 쇠퇴 부담이 비교적 크고, 후반기에는 새로운 경제가 성장하기 시작하면서 안정 단계에 진입할 것이라고 밝혔다. 올해 2월 신경제가 중국 경제에서 차지하는 비중은 31.9%로 3분의 1 가까이 달한다. 이 부분의 경제 성장 속도는 두 자리 수를 유지하고 있다. 동시에 또다른 3분의 1을 차지하는 구경제는 쇠퇴하고 있으며, 제조업 업스트림의 대종상품(大宗商品) 원자재 자원 관련 업종, 부동산, 수출업 등이 여기에 포함된다. 3분의 1의 경제는 한 자리 수 성장세를 보이고 있다.

"이것은 중국 경제 구조 전환에서 매우 일반적인 현상이다."라며 선밍가오는 중국 경제 안정 추세에는 두 가지 상황이 있다고 설명했다. 하나는 구경제의 구조조정 완료, 다른 하나는 신경제가 일정 규모로 성장하여 구경제의 성장 둔화를 충분히 상쇄할 수 있는 경우이다. 이러한 시각에서 보면, 중국 경제의 향후 5년은 신구 경제의 교체 과정에 있을 가능성이 있으며 전반기에는 구경제 하행 부담이 비교적 크고, 후반기에는 신경제가 성장하면서 안정 단계에 진입할 것이다.

선밍가오는 향후 5년, 중국 경제의 5대 동향을 전망했다.

첫째, 낮은 수준의 금리가 유지될 것이다. 현재 구경제의 조정 속도는 신경제의 성장 속도보다 빠르고, 경제는 디플레이션 압력에 직면하고 있어 금리 인하 가능성이 있다. 하지만 공개 금리가 낮다 하더라도, 기업과 정부가 직면하는 실제 금리는 비교적 높다. 게다가 계약 위반 부담과 리스크도 직면하고 있고 리스크에 따라 가격을 책정하는 리스크 금리도 비교적 높은 편이다. 따라서 신경제가 경제 성장을 안정화시킬 수 있을 때 금리 인상이 가능하고, 이는 향후 5년의 후반기가 되어야 가능할 것이라고 예측했다.

둘째, 신도시 조성 계획이다. 정부 업무 보고에서 향후 5년간 1억 명의 농민공이 도시에 정착할 것이라고 예측했다. 도시화의 과정 자체가 바로 투자 성장의 과정이다. 도시화 계획을 시행할 수 있다면, 중국의 투자 성장은 경착륙하지 않을 것이고 GDP도 역시 그렇게 될 것이다.

셋째, 자산 보유의 최소화이다. 지난 30여 년 동안, 중국 기업과 정부는 모두 하이 레버리지 유형 자산을 중요시해왔다. 하지만 앞으로 실제 자금 원가의 상승, 자산 가치 상승이 제한되면 하이 레버리지 자산은 유동성 위험에 직면하게 되고 심지어 파산 위험도 있다.

"자산 보유의 최소화는 바로 탈자산이다. 자산의 증권화 등 다른 형태로 일부 국유 자산을 시장 자산, 기업 개인 자산으로 전환하는 것이다."라고 선밍가오는 설명했다. 이는 정부를 위해 자금을 모아 구조 전환에 쓸 수 있고 국민들의 투자 기회도 늘릴 수 있다.

넷째, 채무의 국유화이다. 선밍가오는 탈레버리지는 향후 5년 내에 실현되기 어려울 것으로 예측했다. 가능성이 가장 큰 것은 레버리지의 전환이다. 지방정부에서 중앙정부로, 기업에서 정부로, 일부는 국민에게로 이동할 것이다.

다섯째, 위안화의 국제화이다. 그는 위안화 국제화는 선후퇴, 후전진의 양상으로 추진될 것이라고 설명했다. 단기적으로 위안화는 평가 절하될 것이 분명하다. 하지만 최종적으로 위안화의 안정성을 결정하는 중요 지표는 바로 중국 경제의 안정이다. 위안화 국제화는 '일대일로'의 핵심 전략이다. 앞으로 '일대일로' 경제권에서는 위안화로 계산하거나 위안화 계산의 비중이 점차 증가할 것이라고 덧붙였다.

8 중국공산당 지도간부를 어떻게 선발하는가?

최근, 중국공산당 중앙위원회 대외연락부(이하 중연부) 홈페이지에 한 편의 만화가 올라왔다. 이는 중국공산당이 공산당 지도간부를 어떻게 선발하는지를 설명한다. 중연부 관련 책임자는 "만화를 채용하여 설명하는 것은 형식과 언어체계 측면에서 창의적이며, 모든 국내 외 사람들이 보고 쉽게 이해할 수 있도록 하기 위해서이다."라고 말했다.

중국공산당 최고지도자는 어떻게 선발하는가?

첫째로 중앙위원회와 중앙기율검사위원회를 선출한다. 2011년 7월부터 2012년 6월까지 중앙은 59개의 현지 조사팀을 보내어 조사를 진행하고, 727명의 조사대상을 정하여 추천, 표결, 선거의 방식을 통해 정식으로 506명의 중앙위원회와 중앙기율검사위원회 구성원을 선임했다.

그 후에 중앙정치국과 중앙정치국 상무위원회를 선출한다. 전기(前期) 중앙정치국에서 추천하고, 새로 선임한 중앙위원회 전체회의에서 정식 후보자 명단을 준비한다. 무기명 투표를 진행하여 25명의 위원과 7명의 상무위원을 선출한다.

그리고 가장 마지막에 중앙총서기가 탄생한다. 총서기는 중국공산당 중앙위원회의 책임자로 중앙위원회 전체회의에서 선출하는데, 반드시 중앙정치국 상무위원회 위원 중에서 선출된다.

사실상, 중국공산당 지도간부 선발, 임용에는 특징이 있다. 첫째, 선택하고 추천한다. 여론 조사와 투표, 또 조직의 추천과 조사를 통해 현명하며 능력 있는 간부를 선발하고자 노력한다. 둘째, 재덕을 겸비해야 한다. 특히 '덕'의 측면을 엄격하게 요구한다. 셋째, 실적을 중시한다. 능력과 실천 정신을 가지고, 국민의 인정을 받는 지도간부 선출에 힘쓴다.

간부 선발, 임용에는 어떤 절차가 있는가?

서양의 자유경쟁 선발방식과 다르게, 중국공산당의 지도간부 선발과 임용은 민주적 협상과 민주적 표결이 서로 결합하여 실행된다. 여러 조사를 거쳐 충분히 준비하고, 여러 방면으로 협상하고, 중국화합과 문화전통을 구현한다. 중국에서 당정 지도간부, 특히 고위급 지도간부가 되는 것은 결코 쉬운 일이 아니다. 평범한 공무원에서 정부급(正部級, 한국의 장관급) 간부가 되는 것은 겨우 1만 4천 분의 1의 확률이고, 평균적으로 최소 20여 년의 시간이 걸린다.

선발, 임용의 기본절차는 주로 두 가지 경우로 나뉜다. 지도자의 임기 만료에 따른 교체와 개별 조정이다. 지도자의 임기 만료에 의한 교체 임용에는 5가지 절차가 있다. 첫째, 당 위원회 및 조직부서가 동의안을 내고 방안을 만든다. 둘째, 민주적 추천 후, 조사대상을 정한다. 셋째, 덕, 능력, 근면, 책임, 청렴의 다섯 가지 측면에서 조사대상에 대한 조사를 진행한다. 넷째, 당 위원회 집단 토의에서 충분한 토론을 거쳐 표결을 진행하여 임면 사항을 결정한다. 다섯째, 임직을 실시하고, '임직 전 공시제도', '임직 상담제도'와 '임직 수습 기간 제도'를 따른다.

선임 후에는 어떻게 감독하고 심사하는가?

"권력은 규제를 받지 않으면 반드시 부패한다." 감독과 심사는 당정 지도간부 선발, 임용 과정 중 권력이 남용되지 않도록 책임지는 중요한 부분이다. 당정 지도간부에 대한 감독은 주로 '당의 기율감독'과 '법률법규감독' 두 가지로 나뉜다. '당의 기율감독'은 바로 당의 기율 규제로, 간부에게 조직 기율을 따르도록 요구한다. '법률법규감독'은 대상 조사 중에 부정 발탁이나 친인척 등용 등을 방지하기 위하여 모든 조사팀 당사자 및 친족 관계의 사람들을 반드시 피해야 한다. 임용 기간에 본인과 관련된 모든 기본정보와 가정환경, 재산 등 응당 보고해야 할 사항을 보고하지 않았을 경우 임용은 무효가 된다.

9 '디지털 중국'으로 과학기술발전 전략을 계획한다

정보화가 없으면 현대화도 없다. 20세기 가장 위대한 발명은 인터넷이며, 이는 사람들의 생산 라이프에 큰 변화를 가져다주었고, 수많은 분야의 혁신 발전을 이끌었다. 인터넷 시대의 '디지털 중국'을 추진하는 것은 단순히 중국 현대화를 추진하는 것뿐만 아니라, 중국 발전의 전략적 기회를 도모하는 것이다. 시진핑이 밝힌 바와 같이 중국 경제 발전은 '뉴노멀'에 진입했고, 뉴노멀 시대에서는 새로운 모멘텀이 필요하며 인터넷은 그 속에서 큰 역할을 할 수 있다.

시진핑의 눈에는 '디지털 중국'은 정보화, 현대화일 뿐만 아니라 더욱 중요한 자리를 차지하고 있다. 사이버 안전과 정보화는 국가 안보·발전과 직결되고, 대중들의 일과 생활에 직결되는 중요한 핵심 전략 문제이다. 국내외 추세에 따라 전반적으로 고려하고 다양한 방면을 통합하여 혁신 발전을 통해 중국을 인터넷 강국으로 만들기 위해 노력해야 한다. 세계는 지금 정보화 발전 속도가 매우 빠르다. 나아가지 않으면 퇴보할 것이며, 천천히 나아가도 퇴보할 것이다. 우리는 정보 인프라 건설을 강화하고, 정보 자원 통합을 통해 경제사회 발전 정보의 '대동맥'을 뚫어야 한다. 인터넷과 실물경제의 융합 발전을 추진하고, 정보 이동에 맞춰 기술, 자금, 인재, 그리고 물자의 이동을 이끌어 자원 배분의 최적화, 전체 요소의 생산성 향상을 추구해야 한다. 혁신적인 발전, 경제 발전 방식의 전환, 그리고 경제 구조의 조정을 위해 적극적인 역할을 발휘해야 한다.

시진핑은 인터넷 강국 전략과 국가 빅데이터 전략, 인터넷 플러스 행동 계획을 대대적으로 추진하고 있다. 동시에 모바일 인터넷, 클라우드 컴퓨팅, 빅데이터, 그리고 사물 간 인터넷 등을 현대 제조업과 결합해 전자 상거래, 공업 인터넷과 온라인 금융의 건전한 발전을 촉진하며 인터넷과 경제사회 융합 발전을 추진하고 있다.

거시적 계획 외에도 시진핑은 인터넷 강국 건설의 필수 코스를 제시했다. 인터넷 강국 건설을 위해 독자적인 기술과 탄탄한 기술력이 있어야 한다. 인력 자원을 응집시켜 강인한 정치, 뛰어난 업무, 올바른 태도를 갖춘 조직을 구축해야 한다. '천 명의 군사는 쉽게 얻을 수 있어도 훌륭한 장수 한 명은 얻기 어렵다'는 말이 있다. 세계적인 수준의 과학자, 인터넷 기술 우수 인재, 탁월한 엔지니어, 수준 높은 혁신 조직을 구성해야 한다. 인터넷 강국 건설 전략은 '두 개의 100년' 목표와 동시에 추진하고, 인터넷 인프라의 기본 보급, 자주적인 혁신 역량의 제고, 정보 경제의 전면적 발전, 사이버 안보 보장 등의 목표를 향해 지속해서 나아가야 한다.

한 민족, 한 국가의 흥망은 기술 혁명 때마다 선두에서 기회를 잡을 수 있느냐에 달려 있다. 시진핑 총서기는 지금 중국 인터넷 발전의 중요한 특성을 명확하게 파악하고 있다. 그것은 시간이 긴박하고 여러 문제를 동시에 직면하고 종합적으로 파악해야 한다는 것이다. 시진핑 총서기의 전략적인 안목과 계획은 중국의 부흥 사업에 밝은 미래를 가져다줄 것이며, 이는 개인의 역사적 기회일 뿐만 아니라, 국가와 민족에 있어서도 역사적인 기회일 것이다.

10 베이징 초고령화 앞으로 50년간 지속 전망, 421가정 구조 보편화 될 것

베이징시의 호적상 노령 인구 비율은 전국에서 두 번째로 높다. 시 전체 60세 이상 노인은 평균 매일 500여 명씩 증가하고 있고, 게다가 빠른 속도로 증가하고 있어 고령화 추세는 매우 심각한 수준이다. 베이징은 2030년 심각한 고령화 수준에 이르러 호적 노령 인구가 30%를 넘을 것이고, 그 후 초고령화 사회에 진입하여 이 상태가 50년 이상 지속될 것으로 전망된다.

베이징시 위원회 선전부 등 연합으로 거행된 2016년 '제13차 5개년 계획(이하 13.5 계획)' 발전전망정책 제6차 보고 회의에서 시 민정국 부국장 겸 대변인 리훙빙은 현재 10개 분야 50여 개 관련 업무 추진을 통해 앞으로 "양로 서비스 산업을 강화하여 모든 노인이 부양받을 수 있게 될 것"이라고 밝히며 사람들을 안심시켰다.

'421'가정 구조가 보편화 될 것

리훙빙에 따르면 앞으로 양로 서비스가 직면하게 될 큰 대상은 바로 외동 자녀의 부모들이다. 2030년 베이징시 75세 이상 노령 인구는 80만 명을 초과할 것으로 예측되며, 그들에게는 한 자녀밖에 없다. 리훙빙은 2015년을 시작으로, 1980년대 이후 출생, 25살 이상 외동 자녀의 부모가 줄지어 60세에 들어서고 있는데, 이는 421가정 구조가 보편화 되고 있음을 의미한다고 하였다.

현재 가구 당 평균 인구는 2.45명이고, 독거노인 가정은 이미 50%를 차지한다. 그중 표본조사 결과 생활능력을 전부 또는 절반 이상 상실한 노인이 모두 60만 명이고, 게다가 치매를 앓고 있는 노인이 10여만 명에 달한다. 외동 자녀 부모의 증가는 의심할 바 없이 독거노인 가정의 증가를 초래한다.

양로 서비스 문제는 가정에서 감당할 수도 없고, 정부에서 떠안을 수도 없고, 기업에서 보상할 수도 없다. 또한 정부가 주도할 수도 없고, 완전히 시장에 맡길 수도 없다. 따라서 리훙빙은 가정, 기업, 사회 그리고 정부 등 주체들이 공동 참여하고 협력해야 한다고 설명했다.

리훙빙은 인구 고령화에 적극적으로 대응하기 위해 베이징은 '재택 양로'를 기초로, 지역사회가 지원하고, 기관에서 보완하며, 사회보장을 버팀목으로 하는 양로 서비스를 구축해 가고 있다. 양로서비스는 관행적인 규칙이 있고, 지역 수요에 적응해야 하는 특성도 있기 때문에 계승과 혁신을 함께 추진하여 중국 특색이 있는 양로서비스 시스템의 수도 모델을 구축해야 한다고 덧붙였다.

2030년 심각한 고령화 사회에 진입

'13.5 계획' 발전 보고이지만 리훙빙은 2030년 이후의 상황을 더 많이 소개했다. 그는 "13.5 계획'은 시기적절하고, 과학적이고, 종합적인 인구 고령화에 대응하는 중요한 기회이며, 또한 한정된 골든타임인 5년을 잘 활용해야 한다."라고 강조했다.

비록 노령 인구가 빠른 속도로 증가하고 있지만 현재 베이징시 고령화 정도는 아직 중급 수준이다. 그러나 2030년까지 베이징시 고령화는 심각한 수준에 이를 것이고, 호적상 노령 인구 비중은 30%를 초과할 것이다. 2050년에 이르면 호적상 노인은 630만 명을 넘어서 3명 중 1명이 노인인 초고령화 사회에 접어들 것이며, 게다가 이러한 인구구조와 사회 형태는 50년 이상 지속될 전망이다.

고령화와 동시에 사회보장 압박 역시 급격히 증가할 것이다. 리훙빙은 2020년 베이징시 노인 양로 연금 지출은 2,000억 위안으로 이미 높은 수준이지만, 2030년에 이르면 이 숫자는 놀랍게도 6,700억 위안을 돌파해 세 배 넘게 증가할 것이라고 밝혔다. 그는 고령화가 30%를 초과한 이후 우리의 삶이 행복할지, 고통스러울지 지금부터 장기적인 계획을 세울 필요가 있다고 강조했다.

11 고품질 중국산 제품 해외에 이름을 떨치다

'중국산'이라고 하면 예전에는 많은 사람에게 단지 '값싸고 품질이 좋지 않은' 저급 제품으로 인식되는 것에 그쳤지만, 지금은 품질이 계속 향상되어 중국제품의 해외 이미지도 나날이 바뀌고 있다.

새롭게 탈바꿈하다

개혁개방 이후, 중국은 한때 '세계의 공장'이라 불리며, 신발, 옷, 완구, 전자제품 등의 소비재를 전 세계에 공급해 세계 경제와 무역의 판도를 바꾸었다. 그러나 지금은 세계 각지에 저급 제품뿐 아니라 점점 더 많은 고급 제품을 공급하고 있다.

미주지역에서 중국의 '베이처' 지하철과 고속열차는 브라질 리우데자네이루 철도교통 수송의 80% 이상을 담당한다. 다장(중국 최대 드론 업체) 무인기는 미국의 많은 과학기술 인사와 스타들에게 폭발적인 인기를 얻었으며, 인기 드라마에도 등장했다.

아시아 지역에서는 일본의 후쿠시마 원전사고 때 일본의 요청으로 싼이중공업이 자체 개발한 62m짜리 펌프카를 투입해 긴급 지원에 나섰고, 파키스탄의 1호 100MW급 대형 태양광발전소도 중국 신장 지역 기업인 터비엔진공에서 건설했다.

유럽 지역에서는 파리의 번화한 오페라 하우스 거리에 중국 잡화 브랜드 '바이차오지'의 플래그십 스토어가 오픈해 화장품을 판매하며 SPA 서비스를 제공하고 있다.

아프리카 지역에서는 중국철도건설공사가 도급한 벵겔라 철도가 연내 개통될 예정이다. 앙골라 전 지역을 관통하는 이 철도는 대서양과 인도양 간 국제 철도 통로의 일부가 될 전망이다.

대양주에서는 중국 이리그룹이 뉴질랜드 남부 섬에 세계 최대 낙농기지를 건설하여 이 지역을 세계 낙농 핵심지역으로 부상시켰고, 옌저우석탄 호주지사가 보유한 청정석탄기술은 이미 산업화 기준에 도달했다.

"이 핸드폰은 아이폰과 비교해 가성비가 뛰어나요. 같은 스마트폰이지만 '샤오미'는 사용이 편리하고 가격도 아이폰보다 훨씬 저렴하죠." 베이징에서 유학 중인 독일 남학생 플로리는 자신의 샤오미 핸드폰을 흔들며 이같이 말했다. 이제 중국 핸드폰은 더 이상 '짝퉁'과 저품질의 대명사가 아니라 과학기술과 디자인까지 갖춘 제품으로 변화했다. 그래서 점점 더 많은 해외 소비자들이 가성비가 좋고 고품질의 중국 핸드폰을 선택하고 있다.

알리바바, 화웨이, 중싱, 롄샹, 텅쉰 등 현재 외국인들 사이에서 언급되는 중국 브랜드가 점점 늘어나 중국 브랜드의 전체 이미지도 향상되고 있다.

더 높이 날아오르다

중국은 이에 만족하지 않고 '육해공' 분야에서도 고급화 전략을 추진하고 있다.

2013년 12월 21일, 중국은 볼리비아의 통신위성 '투팍 카타리(Tupac Katari)'를 발사, 궤도에 성공적으로 안착시켰다. 3억 2백만 달러 규모의 프로젝트로 알려진 이 사업은 대부분의 자금이 중국 국가개발은행 차관으로 조달되었으며, 중국이 개발한 '둥방훙 4호' 위성 플랫폼을 이용했다. 통계에 따르면, 2015년까지 중국이 다른 나라의 상업위성을 발사한 것은 총 39차례로, 아시아, 유럽, 아프리카, 미주, 대양주의 22개 국가 및 지역에 선진 항공기술을 보급했다.

또한, 2015년 6월 18일 중국 중톄얼위안공정그룹은 상트페테르부르크에서 러시아 최초의 고속철도 건설사업 계약을 정식으로 체결하였다. 이는 중국 고속철 해외진출 사업의 큰 성과이자, 중국 표준형의 고속철이 수출된 사례이다. 2015년 9월 12일에는 명대 항해가 정허(鄭和)의 이름을 딴 1.8만 톤급 초대형 컨테이너선이 상하이에서 준공되어 임대 운행사인 프랑스 CMA CGM(프랑스 해운 선사) 측에 인도되었다. 이는 중국 조선업이 세계 초대형 컨테이너선의 개발 및 설계, 건조에서 세계 일류 대열에 진입했음을 상징하고 있다.

12 전면적인 샤오캉 사회 실현에 대하여

중국공산당 제18차 전국대표대회의 목표는 2020년까지 전면적인 샤오캉 사회 실현이다. 이 위대한 목표는 '두 개의 100년' 중 첫 번째 목표이자, 중화민족 부흥 과정에서 중요한 이정표이다. 전면적인 샤오캉 사회 실현은 중국공산당의 국가 목표인 〈4개 전면〉의 전략 구도에서 핵심 역할을 담당한다. 중국공산당 18기 5중전회에서는 샤오캉 사회 건설에 대한 종합적 계획을 제시했고, 전면적인 샤오캉 사회 실현 목표를 향해 스퍼트를 내라는 새로운 동원령도 내렸다.

지금 당과 전 국민에게는 난관을 뛰어넘을 수 있는 강인한 자신감을 확립하는 것이 가장 중요하다. 사업 추진의 강대한 힘을 모아 제13차 5개년 계획에서 그린 전면적인 샤오캉 사회 실현의 웅대한 청사진을 현실화해야 한다.

개혁개방 초기 덩샤오핑은 최초로 '샤오캉(小康)'으로 중국식 현대화를 설명했고, 20세기

말까지 '샤오캉 사회 건설'이라는 목표를 명확하게 제시했다. 덩샤오핑이 제시한 목표는 전 국민의 노력으로 20세기 말 계획대로 실현되었고, 국민의 생활 수준은 전반적으로 샤오캉 수준에 이르렀다. 이를 바탕으로 중국공산당 제16차 전국대표대회에서는 21세기 첫 20년까지 십 수억 인구에게 혜택이 미치는 더 높은 수준의 샤오캉 사회 건설을 목표로 제시했다. 중국공산당 제17차 전국대표대회에서는 전면적인 샤오캉 사회 건설의 새로운 요구를 제시했고, 이어 제18차 당 대회에서는 전면적인 샤오캉 사회 건설 목표를 보강하고 개선해 나갔다. 또한 '전면적인 샤오캉 사회 건설'을 '전면적인 샤오캉 사회 실현'으로 조정하며 국민의 새로운 요구에 부응했다.

30여 년간 중국공산당은 시종일관 이 목표를 향해 한 단계씩 차례차례 바통을 이어받아 달려와 샤오캉 사회 건설에 괄목할만한 성과를 거두었다. 18기 5중전회에서는 중국 경제 사회의 새로운 발전과 국민의 기대에 부응해 '샤오캉'에 더 높은 기준과 다양한 내용을 부과했다. '전면적인 샤오캉 사회 실현'에 있어 더 중요하고, 더 이루기 어려운 일은 바로 '전면적인'이다. '샤오캉'은 발전 수준을 의미하며, '전면적인'은 균등하고, 조화롭고, 지속 가능한 발전을 의미한다. 시진핑 총서기는 "중국이 만약 2020년까지 규모와 속도 면에서 목표를 달성한다 하더라도, 균등하지 않고, 조화롭지 않으며, 지속 불가능한 발전이라면 문제가 더욱 심각하고 단점이 더욱 부각되어 진정한 목표 달성을 했다고 말할 수 없다."라며 강조했다.

'전면적인 샤오캉'의 도달 영역은 매우 포괄적으로, 전체 발전을 추구하는 오위일체(중국 특색 사회주의 사업의 5가지 발전 영역: 정치, 경제, 문화, 사회, 생태문명의 건설)의 샤오캉이다. 전면적인 샤오캉 사회는 지속적이고 건강한 경제 발전을 이루고, 민주주의가 지속적으로 확대되며, 문화 소프트파워가 증대하고, 국민 생활 수준이 전반적으로 향상하며, 또한 자원 절약형, 친환경 사회 건설에 진전을 이룬 사회를 의미한다. 이것은 서로 연결되고, 상호 촉진하며, 따로 분리할 수 없는 일체형의 목표이다. 어느 한쪽이라도 발전이 더디면 전면적인 샤오캉 사회 건설이라는 목표 실현에 차질이 생길 수 있다. 경제 건설을 중심으로 경제, 정치, 문화, 사회, 생태 문명 건설을 전면적으로 추진하여, 각각의 영역에서 조화롭게 발전하는 현대화 건설을 모색해야 한다.

과거에는 일부 갈등과 문제는 경제 발전 수준이 낮고, 서민들의 소득이 적어서 생긴 것이며, 따라서 경제 발전 수준이 높아지고 서민들의 생활이 좋아지면 사회 갈등과 문제도 더불어 감소할 것이라는 관점도 있었다. 지금으로써는 발전 못 하면 발전 못 하는 데서 생기는 문제가 있고, 발전하면 또 거기에 따라 생기는 문제가 있다. 발전 후에 발생하는 문제는 발전 전에 비해 적지 않고, 심지어 더 많아지고 복잡해졌다. 전면적인 샤오캉 사회 건설 목표를 실현하기 위해서는 방식의 전환을 통해 발전의 질적·효율적 문제를 해결하고, 단점을 보완하여 발전 불균형 문제를 해결해야 한다.

모범답안

1

1
1. 以……为对象
2. 从……来看
3. 以……为对象
4. 从……来看
5. 从……来看
6. 从……来看
7. 以……为对象
8. 以……为对象
9. 继……之后
10. 据……报道
11. 继……之后
12. 据……报道
13. 据……报道
14. 继……之后
15. 据……报道
16. 继……之后

2
1. 中国的首都为北京。
2. 长江、黄河为中国最长的两条河。
3. 中国最大经济城市为上海。
4. 这次美展展期为一个月。
5. 一公里为一千米。

3
1. 중문과에서는 어린이들을 대상으로 하는 각종 무료 중국어 강좌를 준비하고 있다.
2. 그는 아인슈타인 이래로 가장 위대한 과학자로 여겨진다.
3. 관광국에서 여행객을 대상으로 가장 만족스러운 관광 코스를 조사하고 있다.
4. 대학 입시 성적으로 볼 때, 그가 베이징대학에 합격하는 것은 문제없다.
5. 본문은 중국에서의 한류 인기 및 중국인의 한국 자유여행 추세를 충분히 반영하였다.

4
1. ③ 2. ④ 3. ④

2

1
1. A 2. A 3. B 4. B
5. A 6. B

2
1. 表达 2. 特有 3. 特别 4. 特有
5. 表现 6. 必须 7. 必然 8. 必然
9. 必需 10. 必要

3
1. 他年龄虽然很小，但是做事情却很有经验。
2. 虽然他昨天生病了，但他还是把作业写完了。
3. 他虽然个子小，但是力气却很大。
4. 这个字不但我不认识，甚至连字典上也查不到。
5. 他工作太忙，连吃饭都没有时间。
6. 这个箱子连大人也提不动，小孩儿就更提不动了。
7. 他像中国人一样中文说得很好。
8. 对他来说，书就像面包一样，是生活必需品。
9. 瀑布像银河一样美丽!
10. 人们都为自己的理想而奋斗。
11. 大学毕业生们为找工作而忙碌奔波。
12. 队员们为争取比赛胜利而努力。

4
1. 孔子学院，是中国国家对外汉语教学领导小组办公室在世界各地设立的推广汉语和传播中国文化与国学教育的文化交流机构。
2. 孔子学院的主要工作就是给世界各地的汉语学习者提供规范、权威的现代汉语教材；提供最正规、最主要的汉语教学渠道。
3. 世界第一家孔子学院是2004年在韩国首尔正式设立的。
4. 2015年12月6日为止，全世界134个国家和地区建立了500所孔子学院和1000个孔子课堂。

3

1
1. 又 2. 还 3. 还 4. 再
5. 还 6. 再 7. 还
8. 又[동일한 상황의 중복 발생]/还[상황의 지속]
9. 再
10. 又[동일한 상황의 중복 발생]/还[상황의 지속]

2
1. 我校既是以教育为中心的大学，又是以研究为中心的大学。

2 应该做到既会工作，又会休息。
3 她既没工作也没钱。
4 她的态度不明确，既不肯定，也不否定。
5 我们既不相信他们的好话，也不害怕他们的恐吓。
6 抽烟既影响自己的健康，也影响别人的健康。
7 空气既无色也无味。
8 吃药对身体既有利也有害。
9 这本书既有意思，又有实益。
10 这件毛衣既高档又时尚的款式。

3

1 其他　　　　　2 其他/另外
3 另外　　　　　4 其他的/另外的
5 另外　　　　　6 另外
7 其他/另外的　　8 另外
9 另外　　　　　10 另外

4

1 都와 已经 모두 가능하나, 都를 쓰는 것이 더 적절함
2 都와 已经 모두 가능하나, 都를 쓰는 것이 더 적절함
3 已经
4 都와 已经 모두 가능하나, 어기가 다름
5 已经
6 都와 已经 모두 가능하나, 都를 쓰는 것이 더 적절함
7 已经
8 都와 已经 모두 가능하나, 都를 쓰는 것이 더 적절함
9 已经　　　　　10 已经

5

1 ∨　　2 ∨　　3 ×　　4 ∨

4

1

1 根据　2 据　3 根据　4 据
5 根据　6 据　7 根据　8 据
9 据　　10 根据

2

1 即使面临社会动乱，他们也能应付自如。
2 即使是最高级的计算机，也无法具有人脑意识活动的主观能动性与社会性。
3 即使是名牌大学毕业生，找工作也并不简单。
4 即使我们能找到一些相关信息，也几乎都是由精英们撰写的。
5 即使是同卵的孪生子，他们的生理和心理也存在着差异。
6 即使是在突发性危机的情况下，法治也应是实现控制的重要手段。
7 即使在现代经济里，政府也不允许市场在一些领域自由发展。
8 即使同样的成语，大家的认识也不一样。
9 即使白白奉送，他也不敢要。
10 即使你多次失败，也没有人会潮笑你。

3

1 根据小说原著，改编了这个电影剧本。
2 根据大家的意见，我们准备重新修改计划。
3 据分析，明年的利率可能会提高。
4 这部韩国电视连续剧在中国收视率创下了历史新高。
5 今年我厂创了生产量新记录。
6 我公司以新的市场战略，销售额创下了历史新高。
7 昨日，记者从北京市公安局获悉，犯事的犯人被逮住了。
8 从教育部有关部门获悉，今年的高考将于6月7日开始。
9 我从可靠人士获悉，这家公司经营情况非常糟糕。
10 即使天塌下来，咱们也不怕。
11 即使你没什么东西可买，出去走走也好。
12 现在即使是花甲老人，也会使用智能手机。

4

1 ∨　　2 ∨　　3 ×　　4 ∨

5

1

1 양사, 개사, 양사: 그는 좋은 손재주를 가져 스카프를 꽃다발로 묶어서 여자 친구에게 주었다.
2 양사: 내일 비가 온다니 모두 우산을 챙기세요.
3 개사, 양사: 그녀가 주머니 속의 물건을 꺼내어 보니 한 줌의 사탕이었다.

4 양사: 앞당겨 임무를 완성하기 위해 더 힘내야 한다.
5 개사, 양사: 나는 책가방 안에 있던 책을 꺼낸 후 쌀 한 줌을 넣었다.
6 양사, 양사, 양사: 테이블 위에는 주전자 하나, 칼 두 자루, 포크 두 개가 놓여 있다.
7 개사, 양사: 오늘의 숙제를 다 끝낸 후, 그는 의자 두 개를 거실에 옮겨 놓았다.
8 양사, 양사: 그녀는 쌀 두 줌, 부추 한 움큼에 달걀을 넣어서 죽을 끓였다.
9 양사, 양사: 그는 나이가 지긋하지만 대단한 기력을 가지고 있다.
10 양사, 양사: 텔레비전 앞에 의자 네 개가 놓여 있었는데, 그는 하나를 끌어다 앉았다.

2
1 昨天他被老师批评了一顿。
2 小明，明天的晚会由你负责吧。
3 他不认真工作，所以被公司开除了。
4 今天忘记带伞了，衣服都被淋湿了。
5 他们很勇敢，没被困难吓倒。
6 我们商量好了，由小王负责提意见，由小刘负责写申请。
7 不管是从教育还是生源的角度看，该地区都是一个很重要的地方。
8 不管事情多么艰难，还是尽力而为吧。
9 不管你怎么说，我还是相信他的话是真实的。
10 不管是富人还是穷人，人人都有烦恼。
11 不管论家庭还是论长相，小王和小李都很般配。
12 不管是东北还是西北，百姓的生活都差不多。

3
1 如果努力就会有相应的效果。
2 不管多么好的书，如果不读就没有任何意义。
3 如果我做得到，我就去做。
4 如果这方法确有实效，应该推广。
5 如果你不买，就把衣服退还。
6 如果我有很多钱就好了。
7 如果他是你的好朋友，就一定会帮助你的。
8 如果贵的话，就让我和你一起分担吧。

4
[1] 1 ∨   2 ∨

[2] 1 × ['高等学校'는 중국에서는 '대학'을, 한국에서는 '고등학교'를 의미한다.]
2 ∨ ['以及' 앞에 위치한 내용이 상대적으로 중요하다.]

6

1
1 C   2 B   3 C   4 B
5 D   6 C   7 B   8 D

2
1 我的建议被大家接受了。
2 我新买的书包被/让/叫他弄丢了。
3 落后的技术将被新技术取代。
4 他被我的一番话高兴得哈哈大笑。
5 这个句子被/让/叫他念错了。
6 他的汽车被/让/叫别人开走了。
7 钥匙让/叫我找到了。
8 那个病人被小王送到医院去了。
9 她的帽子掉在大街上，被风吹走了。
10 那本书被/叫/让人借走了。

3
1 조동사: 빨리 가자, 늦으면 그녀가 조급해할 거야.
2 조동사: 이 영화 정말 좋아, 너 진짜 가서 봐야 해.
3 대사: 아니, 길을 잘못 든 건 아니겠지?
4 대사: 이 건물은 1900년에서 1901년 사이에 건립되었다.
5 조동사: 저녁 9시가 되었으니, 이번 기차가 도착할 거야.
6 대사: 이것은 그가 쓴 첫 번째 소설인데, 현재 이미 출판되었다.
7 동사: 내 말은 끝났으니 당신 차례예요.

4
1 就是   2 决定于   3 就是   4 就是
5 决定于 6 就是   7 决定于 8 决定于
9 就是   10 就是

5
1 ②   2 ③

7

1
1 C   2 B   3 A   4 C

5 B   6 B   7 A   8 B
9 B   10 A/B (在工作上/在工作中)

2
1 认为   2 认为   3 以为   4 认为
5 以为   6 认为   7 以为   8 认为
9 以为   10 以为

3
1 尽管我最近忙得很
2 尽管大家都认为这么做不妥
3 尽管国家经济在不断发展
4 他尽管身体有点儿不舒服
5 尽管我努力劝说
6 尽管努力了
7 尽管他有丰富的经验
8 上海的人口多于广州。
9 室内温度最好不低于25℃。
10 我们要必须记住预防重于治疗。
11 今年五月的平均气温高于去年。
12 今年北京市生产总值同比增长7.8%，高于全国平均水平。

4
1 ③   2 ③

8

1
1 避免   2 以免   3 以免   4 避免
5 以免   6 避免/以免   7 避免
8 以免   9 以免   10 避免

2
1 凡是应该做的，都要努力去做。
2 凡是有生命的，都免不了死。/ 凡是有生命的，总是免不了死。
3 凡是历史都会重演。/ 凡是历史总是会重演。
4 凡是韩国电视连续剧，没有不喜欢的。
5 凡是要参加竞选的，一律在这儿登记！/ 凡是要参加竞选的，都在这儿登记！
6 凡是动物，都有谋求生存的本能。
7 凡是认识她的人都很尊敬她。

3
1 人类和计算机通过不同的方式
2 通过消费者的消费方式
3 通过考察出土文物与遗址(的方式)
4 我通过给他打工(的方式)
5 通过街头义务演出的方式
6 通过周到而多样的服务(方式)
7 通过最恰当方式
8 可以通过改善营养(的方式)来预防

4
1 中华人民共和国的根本制度是社会主义制度。
2 中国政治体系由中国共产党组织、国家机关以及人民政协组成。
3 中共中央组织机构由党的全国代表大会；中央委员会；中央政治局及其常务委员会；中央书记处；中共中央总书记；中央军事委员会；中央纪律检查委员会等七个部分组成。
4 中华人民共和国的国家机构包括：全国人民代表大会；中华人民共和国主席；中华人民共和国国务院；中华人民共和国中央军事委员会；地方各级人民代表大会和地方各级人民政府；民族自治地方的自治机关；人民法院和人民检察院。
5 中国人民政治协商会议是中国人民爱国统一战线组织，是中国共产党领导的多党合作和政治协商的重要机构，是中国政治生活中发扬社会主义民主的一种重要形式。

9

1
1 和 [동사 병렬 주어]   2 并
3 和 [형용사 병렬 주어]   4 和 [동사 병렬 목적어]
5 而   6 而
7 和 [형용사 병렬 주어]   8 和
9 和   10 并

2
1 把，看看/看一下   2 把，起来
3 把，更清楚   4 把，完了
5 把，进，来了   6 把，了
7 把，来/去   8 把，到，了

9 把，好了   10 把，一遍/一下

3
1 除了星期日以外，我们每天上午都有汉语课。
2 她除了上班做家务以外，还得照顾孩子。
3 除了这首诗以外，别的诗我都背不出来。
4 除了高尔夫以外，我还喜欢保龄球。
5 来参加婚礼的除了双方的亲朋好友以外，还有双方单位的领导。
6 眼下是旅游旺季，除了这儿以外，别处都住满了。
7 除了听课以外，我们还积极准备就业。
8 除了秋天以外，别的季节也可以来中国旅游。
9 除了喜欢画画以外，他还特别喜欢中国书法。
10 除了王先生以外，都通知到了。
11 这几年不仅是房租一再翻番，房价更是直冲云霄。
12 卓别林不仅是个天才，也是电影史上最有影响的人物之一。
13 照顾好个人的利益，不仅是地方政府的政策，也是中央政府的政策。
14 快餐业的出现，不仅是一种商业革命，它更是一种饮食文化上的革命。
15 他不仅是一位时势造成的英雄，更是一位重要的历史人物。

4
1 目前，中国在家用电器、建材、铁路和高铁技术、风力涡轮机和电力设备、太阳能电池板和石油天然气设备等少数领域领先美国。
2 中国在20多项技术领域都远远差于美国。
3 与国防技术相关的(商业航空器、半导体、生物机器、特种化工和系统软件等)核心技术领域，和美国差距在20至30年左右。

10

1
1 正/在/正在
2 没在/没有，在/正在
3 没在/没有，在/正在   4 在/正在，呢
5 在/正在，呢   6 正/在/正在，呢
7 以，为   8 以，为主
9 以，为   10 以，为中心
11 以，为中心   12 以，为
13 以，为   14 以，为

2
1 靠自己的工资他买不起奢侈的食品。
2 要降低定价，让大家都买得起。
3 怎么也想不起那个人的名字。
4 一个成人也举不起它，更何况一个小孩。
5 我记不起在什么地方见过她了。
6 我已经告诉过你，我们负担不起这笔费用，不再说了！
7 生产和流通都要以质量为重。
8 我们的生活应以健康为主。
9 这是以经济发展为中心的政策。
10 会话课以说为主，听力课以听为主。
11 韩国的家常便饭以米饭、汤、泡菜为主。
12 中国正在以IT产业为中心发展经济。

3
1 产品增加了一倍   2 增加两倍心脏病
3 翻了三番   4 增加了三倍
5 增加了四倍   6 翻了两番
7 增加了八倍   8 翻了三番

4
1 中国在2014年年底成为世界上第一个老年人口破2亿的国家。
2 中国老龄化的高峰将出现在2055年左右，届时老年人口将接近4.5亿。
3 按照国家人口发展战略，中国的人口总量将控制在15亿左右。

11

1
1 二班比一班多5名学生。
2 他昨晚比妻子早睡一个半小时。
3 我比他多花30块钱。
4 我比他少拿两个苹果。
5 我比他早来一年。
6 今天的最高气温比昨天高一点儿/高两度。

7 他做作业用的时间比他朋友用的时间多得多/多多了/多很多/多三个小时。
8 他的学习成绩比我好一点儿/更好一些。
9 妹妹比哥哥善良得多/多了。
10 这趟车比预定时间晚到一个小时。
11 我没有他会写文章。
12 那个包不比这个包重。
13 品牌店里的东西不比一般店里的东西贵多少。
14 今年他们公司的生产量没有/不如我们高。
15 我以为他很高,比了以后才知道,他不比我高。
16 3月北京没有海南热。
17 小张的成绩不如/没有小王好。
18 我们的日子过得不比他们差。

2
1 赶得上
2 算得上/称得上
3 跟得上
4 谈得上
5 吃得上
6 穿得上穿不上
7 用得上
8 算得上/称得上
9 戴得上戴不上
10 顾得上

3
1 我的考试成绩让妈妈很高兴。
2 妈妈叫我打扫房间。
3 我请他来家里吃饭。
4 我不能让你这么做。
5 对不起,让你久等了。
6 该大学以乔治·华盛顿的名字命名。
7 他的孙子以他的名字命名。
8 中山路是以伟人孙中山的名字命名的。
9 这条街是以第一次世界大战中一位英雄的名字命名的。

4
1 ×　　2 √　　3 √　　4 √

12

1
1 개사: 나는 그를 훌륭한 스승이자 좋은 친구로 여긴다.
2 부사: 그들은 내일 베이징의 명승지를 유람할 것이다.
3 부사: 다양한 기념 행사가 전국 각지에서 잇따라 열릴 것이다.
4 개사: 그는 돈과 처방전을 나에게 주었다.
5 부사: 최장 체류 기한은 30일에서 90일로 연장될 예정이다.
6 부사: 올해는 중국인의 해외 여행 열기가 다시 일어날 것이다.
7 개사: 방을 깨끗이 정리하다.

2
1 너희들이 잘 기억하도록 내가 다시 한번 말할게.
2 당신의 이름을 기억 못 해서 미안합니다. 성씨만 기억했어요.
3 누군가가 뒤에서 잡아서 그녀는 몸을 뺄 수 없었다.
4 아이가 뛰어오다가 내 앞에서 멈추어 섰다.
5 눈이 와서 길이 미끄러웠으나 그는 여전히 잘 버티고 서서 미끄러지지 않았다.
6 나는 핸들을 꽉 잡고 열심히 운전연습을 했다.
7 오늘 회의에서 그녀의 말은 너무 지나쳤지만, 멈추게 할 수 없었다.
8 한국 축구팀은 골대를 지켜내 마침내 이겼다.

3
1 无论在哪儿
2 无论多么富有
3 无论谁
4 无论我怎么(如何)解释
5 无论天气热还是不热
6 无论做什么工作(事情)
7 无论什么天气
8 快要考试了,学生们忙起来了。
9 开了春,天气就暖和起来了。
10 她这一句话,引得大家笑起来。
11 王先生的商店一开就红起来了。
12 刚才天还是晴的,可现在突然下起雨来了。
13 放假了,他开始给孩子们教起汉语来了。

4
1 全面建设小康社会目标的根本标志是人均国内生产总值超过3000美元。
2 按照测算,到2020年中国将达到中等收入国家的平均水平。
3 全面建设小康社会的基本标准中,居民家庭计算机普及率是20%。

단어색인

단어	한어병음	해당 과

A

阿拉木图	Ālāmùtú	3
阿里巴巴	Ālǐbābā	11
安哥拉	Āngēlā	11
澳大利亚	Àodàlìyà	11

B

霸道	bàdào	6
巴黎	Bālí	11
巴西	Bāxī	11
佰草集	Bǎicǎojí	11
百度	Bǎidù	1
颁布	bānbù	6
版权	bǎnquán	6
拜年	bàinián	2
刨冰	bàobīng	1
泵车	bèngchē	11
本格拉	Běngélā	11
贬值	biǎnzhí	7
冰球	bīngqiú	3
冰雪运动	bīngxuě yùndòng	3
擘画	bòhuà	9
玻利维亚	Bōlìwéiyà	11
不进则退	bùjìnzétuì	9
不懈	búxiè	3
不妨	bùfáng	3
不止	bùzhǐ	11

C

茬	chá	12
常态	chángtài	4
掣肘	chèzhǒu	6
承办	chéngbàn	5
承建	chéngjiàn	11
承诺	chéngnuò	3
呈现	chéngxiàn	3
诚心诚意	chéngxīn chéngyì	2
程序	chéngxù	8
城镇	chéngzhèn	5
城镇化	chéngzhènhuà	7
承租	chéngzū	11
尺子	chǐzi	5
冲刺	chōngcì	12
抽样	chōuyàng	10
筹集	chóují	7
初创	chūchuàng	4
除旧布新	chú jiù bù xīn	2
创新	chuàngxīn	4
春晚	chūnwǎn	2
辞旧迎新	cíjiùyíngxīn	2
从长计议	cóngchángjìyì	10
从……出发	cóng……chūfā	9

D

大动脉	dàdòngmài	9
大数据	dà shùjù	9
打通	dǎtōng	4
大有作为	dàyǒuzuòwéi	9
单刀直入	dāndāozhírù	6
党政	dǎngzhèng	8
低端	dīduān	11
抵消	dǐxiāo	7
电子商务	diànzǐ shāngwù	9
定心丸	dìngxīnwán	10
董事长	dǒngshìzhǎng	7
动议	dòngyì	8
动员令	dòngyuánlìng	12
独生子女	dúshēng zǐnǚ	10

단어색인 | **195**

队伍 duìwu		8
兑现 duìxiàn		3

F

发射 fāshè		11
反超 fǎnchāo		3
放慢 fàngmàn		7
非凡 fēifán		2
奋斗 fèndòu		12
分割 fēngē		12
风险 fēngxiǎn		7
腐败 fǔbài		8
覆盖 fùgài		3
复兴 fùxīng		12
赋予 fùyǔ		12

G

改编 gǎibiān		6
刚性 gāngxìng		4
高端 gāoduān		11
高杠杆 gāogànggǎn		7
高考 gāokǎo		5
隔 gé		2
个性化 gèxìnghuà		5
工程师 gōngchéngshī		9
攻坚 gōngjiān		12
谷歌 Gǔgē		1
光伏电站 guāngfú diànzhàn		11
关键词 guānjiàncí		1
轨道 guǐdào		11
国际奥委会 Guójì Àowěihuì		3
过硬 guòyìng		9

H

哈萨克斯坦 Hāsàkèsītǎn		3
横贯 héngguàn		11
衡量 héngliáng		5

宏伟 hóngwěi		12
户籍 hùjí		10
互联网 hùliánwǎng		9
华为 Huáwéi		11
环节 huánjié		5
换届 huànjiè		8
焕然一新 huànrányìxīn		11
互动 hùdòng		2
汇报 huìbào		8
惠及 huìjí		12
汇聚 huìjù		9
获悉 huòxī		4

J

击败 jībài		3
基础设施 jīchǔ shèshī		9
急剧 jíjù		10
吉隆坡 Jílóngpō		3
基因 jīyīn		5
机遇 jīyù		9
机制 jīzhì		4
继……之后 jì……zhīhòu		1
集装箱船 jízhuāngxiāngchuán		11
价廉物美 jiàliánwùměi		11
加息 jiāxī		7
监督 jiāndū		8
健全 jiànquán		4
坚信 jiānxìn		3
见证 jiànzhèng		4
交替 jiāotì		7
解读 jiědú		8
阶段 jiēduàn		7
洁净煤 jiéjìngméi		11
接纳 jiēnà		2
截至 jiézhì		4
禁忌 jìnjì		6

仅仅 jǐnjǐn		5
净增 jìngzēng		10
精致 jīngzhì		6
举办权 jǔbànquán		3
据……报道 jù……bàodào		1
剧情 jùqíng		6
居首 jūshǒu		1
绝非 juéfēi		8

K

考核 kǎohé		8
可喜 kěxǐ		4
空虚 kōngxū		2
跨入 kuàrù		11
狂潮 kuángcháo		6

L

蓝图 lántú		12
滥用 lànyòng		8
老龄化 lǎolínghuà		10
老有所养 lǎoyǒusuǒyǎng		10
里程碑 lǐchéngbēi		12
力求 lìqiú		8
例行 lìxíng		4
里约 Lǐyuē		11
联想 Liánxiǎng		11
劣质 lièzhì		11
论坛 lùntán		5

M

迈进 màijìn		4
每逢 měiféng		2
媒体 méitǐ		4
面临 miànlín		10
描绘 miáohuì		12
民意测验 mínyì cèyàn		8
莫尼塔 Mònítǎ		7

谋求 móqiú		9
陌生 mòshēng		4
模式 móshì		4

N

年夜 niányè		2
凝聚 níngjù		12

P

排放 páifàng		3
排行 páiháng		1
排名 páimíng		1
泡菜 pàocài		1
抛弃 pāoqì		6
配方 pèifāng		1
烹饪 pēngrèn		1
评估 pínggū		3
平衡 pínghéng		12
平台 píngtái		4

Q

起到……作用 qǐdào……zuòyòng		9
启动 qǐdòng		7
旗舰店 qíjiàndiàn		11
企稳 qǐwěn		7
签订 qiāndìng		4
虔敬 qiánjìng		2
千军易得，一将难求 qiānjūnyìdé, yíjiàngnánqiú		9
潜能 qiánnéng		5
签署 qiānshǔ		11
抢占 qiǎngzhàn		6
签证 qiānzhèng		1
青睐 qīnglài		11
清晰 qīngxī		9
趋势 qūshì		1
缺憾 quēhàn		5
确确实实 quèqueshíshí		5

R

人才资源	réncái zīyuán	9
任人唯亲	rènrénwéiqīn	8
任用	rènyòng	8
任职	rènzhí	8
容量	róngliàng	11
如期	rúqī	12

S

山寨	shānzhài	11
上述	shàngshù	1
涉及	shèjí	6
舍弃	shěqì	6
社区	shèqū	10
申办	shēnbàn	3
审核	shěnhé	6
渗透	shèntòu	6
圣彼得堡	Shèngbǐdébǎo	11
盛典	shèngdiǎn	1
升空	shēngkōng	11
胜任	shèngrèn	5
实干	shígàn	8
视频	shìpín	6
试想	shìxiǎng	5
视野	shìyě	9
使然	shǐrán	2
收发	shōufā	2
数据	shùjù	5
数字	shùzì	9
双胞胎	shuāngbāotāi	5
顺畅	shùnchàng	6
顺应	shùnyìng	12
送审	sòngshěn	6
搜索	sōusuǒ	1
随后	suíhòu	10

T

淘汰	táotài	3
腾讯	Téngxùn	11
提拔	tíbá	8
提升	tíshēng	11
同步	tóngbù	6
通缩	tōngsuō	7
投标	tóubiāo	11
透露	tòulù	10
突围	tūwéi	6
推算	tuīsuàn	10
推向	tuīxiàng	10
脱颖而出	tuōyǐng'érchū	8

W

挖掘	wājué	5
完善	wánshàn	4
网民	wǎngmín	4
网络	wǎngluò	2
违规	wéiguī	8
卫星	wèixīng	11
违约	wéiyuē	7
问候	wènhòu	2
勿	wù	2
物联网	wùliánwǎng	9
无人机	wúrénjī	11
无疑	wúyí	10

X

贤能	xiánnéng	8
掀起	xiānqǐ	6
祥和	xiánghé	2
相继	xiāngjì	10
相提并论	xiāngtíbìnglùn	2
泄漏	xièlòu	11
协调	xiétiáo	12

新常态 xīnchángtài	9		舆论 yúlùn	4
新疆 Xīnjiāng	11		约束 yuēshù	8
信息化 xìnxīhuà	9		云计算 yúnjìsuàn	9
新西兰 Xīnxīlán	11		酝酿 yùnniàng	8
性价比 xìngjiàbǐ	11			
兴旺 xīngwàng	6		**Z**	
许可证 xǔkězhèng	6		造船 zàochuán	11
选拔 xuǎnbá	8		债务 zhàiwù	7
雪浓汤 xuěnóngtāng	1		占比 zhànbǐ	1
			招生 zhāoshēng	5
Y			兆瓦 zhàowǎ	11
雅虎 Yǎhǔ	1		珍视 zhēnshì	2
言必行，行必果 yánbìxíng, xíngbìguǒ	3		征程 zhēngchéng	12
严峻 yánjùn	10		证券 zhèngquàn	7
养老 yǎnglǎo	10		正如……所说 zhèngrú……suǒshuō	9
扬名 yángmíng	11		郑重 zhèngzhòng	3
一把手 yìbǎshǒu	4		桎梏 zhìgù	6
一棒接着一棒跑 yí bàng jiēzhe yí bàng pǎo	12		滞后 zhìhòu	12
一茬接着一茬干 yì chá jiēzhe yì chá gàn	12		智库 zhìkù	7
依次 yīcì	1		值钱 zhíqián	5
遗憾 yíhàn	5		智能手机 zhìnéng shǒujī	11
依托 yītuō	10		执行 zhíxíng	8
引领 yǐnlǐng	12		中兴 Zhōngxīng	11
引擎 yǐnqíng	1		瞩目 zhǔmù	4
引人注目 yǐnrénzhùmù	3		诸如 zhūrú	2
应对 yìngduì	10		转型 zhuǎnxíng	7
应运而生 yìngyùn'érshēng	6		追捧 zhuīpěng	2
营造 yíngzào	2		赘述 zhuìshù	2
硬着陆 yìngzhuólù	7		着力 zhuólì	12
优化 yōuhuà	9		咨询 zīxún	5
有惊无险 yǒujīngwúxiǎn	3		综艺 zōngyì	1
有意 yǒuyì	6		足以 zúyǐ	7
涌现 yǒngxiàn	2		遵循 zūnxún	8
永驻 yǒngzhù	3		座 zuò	3
愈发 yùfā	6			
预计 yùjì	10			

MP3 파일 다운로드 및
실시간 재생 서비스

뉴스로 읽는 중국
新 빠오칸
报刊
시사중국어

지은이 강춘화
펴낸이 정규도
펴낸곳 (주)다락원

초판 1쇄 발행 2017년 1월 17일
초판 4쇄 발행 2022년 8월 26일

기획·편집 이원정, 이상윤
디자인 김나경, 임미영
녹음 曹红梅, 朴龙君, 曲晓茹, 허강원

다락원 경기도 파주시 문발로 211
전화 (02)736-2031 (내선 250~252/내선 430, 439)
팩스 (02)732-2037
출판등록 1977년 9월 16일 제406-2008-000007호

Copyright ⓒ 2017, 강춘화

저자 및 출판사의 허락 없이 이 책의 일부 또는 전부를 무단 복제·전재·
발췌할 수 없습니다. 구입 후 철회는 회사 내규에 부합하는 경우에 가능
하므로 구입처에 문의하시기 바랍니다. 분실·파손 등에 따른 소비자 피
해에 대해서는 공정거래위원회에서 고시한 소비자 분쟁 해결 기준에 따
라 보상 가능합니다. 잘못된 책은 바꿔 드립니다.

정가 14,000원
ISBN 978-89-277-2198-7 13720

www.darakwon.co.kr
다락원 홈페이지를 방문하시면 상세한 출판 정보와 함께 동영상 강좌, MP3 자
료 등 다양한 어학 정보를 얻으실 수 있습니다.